Dagmar Gaßdorf

GENDERN ...
UM DIE WELT ZU ÄNDERN?

Dagmar Gaßdorf

GENDERN … UM DIE WELT ZU ÄNDERN?

Wohl und Wehe einer inklusiven Sprache

Frankfurter Allgemeine Buch

Bibliografische Information der Deutschen Nationalbibliothek
Die Deutsche Nationalbibliothek verzeichnet diese Publikation in der Deutschen Nationalbibliografie; detaillierte bibliografische Daten sind im Internet über http://dnb.dnb.de abrufbar.

Frankfurter Allgemeine Buch

Frankfurter Allgemeine Buch
Frankenallee 71 – 81
60327 Frankfurt am Main

Umschlag: Nina Hegemann
Satz: Frankfurter Allgemeine Buch
Druck: CPI books GmbH, Leck
Printed in Germany

1. Auflage
Frankfurt am Main 2021
ISBN 978-3-96251-116-6

Frankfurter Allgemeine Buch hat sich zu einer nachhaltigen Buchproduktion verpflichtet und erwirbt gemeinsam mit den Lieferanten Emissionsminderungszertifikate zur Kompensation des CO_2-Ausstoßes.

Und als ich die deutsche Sprache vernahm,
Da ward mir seltsam zumute;
Ich meinte nicht anders, als ob das Herz
Recht angenehm verblute.

Heinrich Heine
Deutschland. Ein Wintermärchen, aus Caput I

Was Sie erwartet

Vorneweg
Nach den Sternen greifen?

Haben Sie sich über das Fragezeichen auf dem Buchtitel gewundert? Es steht dort bewusst. Nachdem die Diskussion über das Gendern und „inklusive" Formen der Sprache mit geradezu ideologischem Furor geführt wird, finden Menschen, die ihr Spracherbe achten, aber deshalb keinesfalls von gestern sind, in diesem Buch Nützliches und Verblüffendes für ihre eigene Positionsbestimmung.

Wunsch und Weg

Sollten Sie eine Bestätigung Ihrer eigenen ablehnenden Position durch Beschimpfungen wie „Gender-Gaga" erwarten, liegen Sie mit diesem Buch ebenso falsch, wie wenn Sie einen banalen Ratgeber vom Typ „So gendern Sie richtig" suchen. Das gibt es reichlich, auch kostenlos im Internet, und gern mit so fragwürdigen Vorschlägen wie: Ersetze *Abonnent* durch *medienbeziehende Person*. Glückwunsch! Wer als Medium so kommunizierte, müsste demnächst wohl mitteilen: „Die Zahl unserer medienbeziehenden Personen ist weiter rückläufig."

Wenn Sie aber eine heiter geschriebene Aufklärung über vitale sprachliche Zusammenhänge zu schätzen wissen, die nicht nur die sogenannte „geschlechtergerechte", sondern auch andere Formen einer vermeintlich „inklusiven" Sprache beleuchtet, werden Sie dieses Buch mit Gewinn und Genuss lesen.

Viel Vergnügen bei der Lektüre wünscht Ihnen

Dagmar Gaßdorf
im September 2021

Über den Tellerrand
Was wir konsumieren

Das Gendern im engeren Sinne ist nur eine der Erscheinungen, die im Bemühen um eine niemanden ausschließende oder herabsetzende „inklusive" Sprache entstanden ist, und wir beobachten sie nicht nur im Deutschen.

Sprachmenüs

Wir werden sehen, dass das Deutsche wegen seiner anderen Wort- und Satzbildungsstrukturen stärker unter dem Gendern leidet als das Englische, das bekanntlich kein *der, die, das* kennt, sondern nur *the*, und dabei auch den Blick auf die deutsche Spezialität Klammersatz richten, der Hörer und Leser durch Wortdopplungen vom Typ *Schülerinnen und Schüler* bis zum erlösenden Verb am Satzende neuerdings durch das Gendern noch länger auf die Folter spannt. Etwa so: „Gestern Abend sind die am Sonntag in Norditalien verunglückten Schülerinnen und Schüler des Goethe-Gymnasiums in Heimersheim – ja, was denn: „in ihre Heimatstadt zurückgekehrt?", „aus dem Krankenhaus entlassen worden?", „bis auf einen verstorben?"

Ich werde mich auch nicht scheuen, gut gemeinte, aber sprachlich weniger versierte Menschen ausgrenzende Wortbildungen wie *LGBTQI+* anzusprechen, die als Abkürzung der entsprechenden englischen Wörter für lesbische, schwule, bisexuelle, trans-, queere und intersexuelle Menschen steht. Natürlich haben diese Menschen in ihrem Kampf für Toleranz und gleiche Rechte jede Unterstützung verdient; die Frage ist nur, ob solche Bezeichnungen ihnen dabei helfen.

Zu fragen ist auch, ob es angesichts fließender Übergänge der Hautfarben sinnstiftend ist, einen Begriff wie *People of Color* zu bemühen, der sogenannte „weiße" Menschen nach den Gesetzen der nahegelegten Schlussfolgerung farblos erscheinen lässt.

Cancel Culture

Ein Thema wird auch die Tabuisierung von Begriffen sein, die in ihrer Entstehungszeit nicht unbedingt diskriminierend konnotiert waren, was zur Umbenennung der „Mohren-Apotheken" ebenso geführt hat wie zur Beseitigung früherer Ausgaben von Pippi Langstrumpf wegen der Figur des „Negerkönigs" und zur Weigerung von Mitgliedern eines Uni-Chores, Robert Schumanns „Zigeunerleben" zu singen, neuerdings auch zum Anspruch von Transmenschen, ihren „Totennamen" nirgendwo genannt zu finden.

Zu fragen sein wird auch, ob es wirklich unvermeidlich ist, dass das zweifellos wichtige Anliegen des Minderheitenschutzes zu Konstruktionen des Typs *Menschen mit und ohne Migrationshintergrund* führt, bei denen die statistisch kleinere Gruppe als erstes Glied der Aufzählung genannt wird. Können wir nicht einfach nur *Menschen* sein, weil unsere Vorfahren ja ohnehin allesamt irgendwann Migranten waren?

Nur Sprachästhetik?

Keine Frage: Es gibt den Gender-Pay-Gap (auf Deutsch: der Abstand in der Entlohnung von Männern und Frauen) immer noch. Aber ändern die Akademikerinnen, die sich selbst mit rechtsstaatlichen Mitteln gegen ungleiche Bezahlung zur Wehr zu setzen wüssten, durch konsequentes Gendern etwas an der Situation jener Frauen, die sich mit so etwas überfordert und vom Gendern umso mehr „genervt" fühlen – Menschen, die nicht wissen, was das generische Maskulinum ist und auch niemanden diskriminieren wollen, wenn sie es benutzen?

Die Gefahr, dass die Gereiztheit von Menschen, die keine *Bürger*innen* sein wollen, von den tatsächlich „ewig Gestrigen" für deren nationalistische, sexistische, rassistische, und homophobe Zwecke ausgenutzt wird, sollte nicht übersehen werden; der Genderstern ist auch aus diesem Grunde keinesfalls harmlos.

Sternschnuppe?

Die Diskussion um eine nichtdiskriminierende Sprache im Allgemeinen und das Gendern im Besonderen hat mächtig Fahrt aufgenommen. Tagesthemen-Aufmacher? Spiegel-Titel? Alles schon gehabt. Und es sieht nicht so aus, als würden wir in einigen Jahren auf die ganze Diskussion als eine Sternschnuppen-Erscheinung der frühen 2020er-Jahre zurückblicken. Denn hier geht es um mehr als Veränderungen an der Oberfläche der Sprache. Es geht um Deutungshoheit, somit um Macht.

Wenn schon eine Rechtschreibreform wie die letzte von 1996, bei der es um vergleichsweise banale Fragen wie *daß* oder *dass* ging, die Gemüter erregt hat, wie viel mehr müssen da die Emotionen hochkochen, wenn interessierte Kreise an Grundstrukturen der deutschen Wort- und Satzbildung wollen! Das ist so, als ob jemand aus Ihrem Haus, damit alles moderner aussieht, ohne Rücksicht auf die Statik tragende Balken entfernen wollte. Das Bild vom Haus ist ganz bewusst gewählt, denn Haus ist Heimat – und Sprache ist es auch.

Auf der Suche

Angesichts der Bedeutung der Sprache für ein Gemeinwesen darf es nicht überraschen, wenn es in einer Zeitungsbeilage von Google („Aufbruch“ Nr. 24 vom Juni 2021) heißt: „Noch nie wurde so oft nach dem Begriff ‚Diversität‘ gesucht wie Anfang des Jahres 2021“ und: „Zu den Top-Suchanfragen in Verbindung mit dem Begriff ‚Gender‘ gehörten in der jüngsten Vergangenheit ‚Wie viele Gender gibt es?‘ und ‚Wie gendert man richtig?‘“

Dass die Top-Suchanfrage nicht lautet „Wie gendert man/frau richtig?“, lässt hoffen, dass die Suchenden nicht voreingenommen sind, sondern sich ein eigenes Bild machen wollen, nachdem die Medien voll sind von einer Diskussion, die vor allem im westdeutschen Teil der Öffentlich-rechtlichen teilweise missionarischen Eifer erkennen lässt. Ein ARD-Mitarbeiter ging dann allerdings im Sommer 2021 zu weit und erhielt für eine herabwürdigende Antwort an einen Beitragszahler, der sich über das Gendern beschwert hatte, die Kündigung.

Leider verstärkt das Gendern ungewollt und ganz nebenbei das Gefühl vieler Ostdeutscher, an ihrer Lebenswirklichkeit werde vorbeigesendet. Es war ja mit Sachsen-Anhalt nicht zufällig ein ostdeutsches Bundesland, dessen Landtag den Rundfunkfinanzierungsstaatsvertrag blockiert hat – mit der Folge, dass das Bundesverfassungsgericht in der Sache entscheiden musste.

Duden, hilf!

Unter Sprachliebhabern viel Staub aufgewirbelt hat nicht zuletzt die Entscheidung der Duden-Redaktion, in ihrem führenden Nachschlagewerk zu gendern. Für den Duden ist *der Mieter* nicht mehr in einer seiner Bedeutungen der Sammelbegriff für alle Menschen, die etwas gemietet haben, sondern eine „männliche Person, die etwas gemietet hat“, weshalb *die Mieterin* auch einen eigenen Eintrag hat als „weibliche Person, die etwas gemietet hat“.

Auch die befremdliche *Gästin* hat einen eigenen Eintrag. Einen Eintrag *Mitgliederin* gibt es noch nicht. Ich bin schon wiederholt so bezeichnet worden – sogar von Leuten, die der Kultur und damit vermutlich auch der Sprache nahestehen. Aber die Duden-Redaktion hat zum Glück noch nicht vergessen, dass *das Mitglied* nun wirklich unverdächtig neutral ist und beim gern kritisierten „Mitmeinen“ keinerlei Geschlecht oder irgendeine sonstige Eigenschaft eines Menschen bevorzugt. Da sitzen ja auch anders als in manchen gendernden Behörden Fachleute.

Ex cathedra?

Dem Mieter und anderen Wörtern, die im Rahmen ihres sprachlichen Multitaskings eben nicht nur Männer meinen, sondern in ihrem generischen Gebrauch auch Frauen und Diverse, hat der Duden keinen Gefallen getan. Zur Beruhigung der aufgeregten Sprachfreunde kann aber gesagt werden: Eingriffe in grundlegende Strukturen des Deutschen, und dazu gehört die Abschaffung dessen, was in der deutschen Grammatik „generisches Maskulinum" heißt, sind keine Aufgabe der Duden-Redaktion. Deren Auffassungen sind – was viele nicht wissen – seit 2006 nicht mehr verbindlich. Wer in Sachen Sprache in Deutschland was regelt – auch darüber gibt dieses Buch Auskunft.

Was die Bevölkerung zum Thema denkt, ist bekannt. In einer im Mai 2021 veröffentlichten Umfrage von Infratest Dimap sprach sich eine deutliche Mehrheit gegen das Gendern aus. Haben die Befragten vielleicht erkannt, dass man faire Verhältnisse nicht durch Sprachkosmetik erreicht, sondern nur durch Realpolitik? Dass man gleichen Lohn für gleiche Arbeit etwa nicht mit Gendersternen vom Himmel holen kann?

Fräulein, adé!

Nun ist nicht zu bestreiten, dass nicht nur die Welt die Sprache prägt, sondern umgekehrt ein verändertes Sprachverhalten auch die Welt beeinflussen kann. An Beispielen ist kein Mangel. Da war etwa der Verzicht auf die Anrede *Fräulein*, die bis in die 1980er-Jahre hinein unverheiratete Frauen diskriminierte; oder die weitgehende Abschaffung des Begriffs *Damenprogramm* für das Begleitangebot von Kongressen, zu denen die meist männlichen Manager ihre Partnerinnen mitbrachten; und es war zweifellos ein Fortschritt, als Hochschulabsolventinnen sich nicht mehr *Diplom-Kaufmann*, sondern *Diplom-Kauffrau* nannten. Die Einführung der Abschlüsse *Bachelor* und *Master* erscheint mir aber nicht nur deshalb ein Rückschritt.

Aber hier geht es um mehr als unzeitgemäße Bezeichnungen durch einzelne Begriffe. Es geht um die Abschaffung einer ganzen Sprachkategorie, die *alle* Menschen meint, egal welchen Geschlechts oder welcher anderer Eigenschaften. Wir reden von einem großen Eingriff in das Grundgerüst unserer Sprache.

Wenn ein solcher Eingriff nicht mehr leistet, als den Übergriffigen das gute Gefühl zu geben, sich als korrekte Menschen darzustellen, ohne dass sich an vorhandenen Missständen etwas ändert, steht der Schaden, den er der Schönheit, Einfachheit, Verständlichkeit und Kürze des Deutschen zufügt, in keinem vernünftigen Verhältnis zur ursprünglich guten Absicht.

Fairsprechen für Fortgeschrittene

Sollten Sie mit dem Gendern sympathisieren, klappen Sie das Buch nach dieser Aussage bitte trotzdem nicht zu. Vielleicht freut es Sie ja zu sehen, dass das Deutsche auch ohne solche Klötzchen wie Gendersterne einen gar nicht so kleinen Baukasten bietet, „fairer“ zu schreiben und zu sprechen, und nebenbei verblüfft zu erkennen, wie unglaublich weiblich die deutsche Sprache ist.

Begeben wir uns also auf eine lustvolle Expedition in die Struktur unserer Sprache und speziell deren Behandlung der Geschlechter! Schauen wir uns anhand lebensnaher Beispiele an, wie grammatisches, natürliches und soziales Geschlecht miteinander verwoben sind, und lassen Sie uns, weil das die Dinge deutlicher macht, auch hier und da einen Blick in andere Sprachen werfen. An manchen Stellen werden Sie vielleicht lachen, was ja Erkenntnisprozessen noch nie geschadet hat. Willkommen!

Love me gender
Wunsch und Wirklichkeit

Sprachkorrekturen sollte man nicht Behörden überlassen, *Bürokraten und Bürokratinnen* genauso wenig wie *Bürokrat*innen, BürokratInnen, Bürokrat_innen* oder *Bürokrat:innen* und was sonst noch an neuen, für „geschlechtergerecht" gehaltenen Formen ersonnen werden könnte.

Sternhagelvoll

Inzwischen hat der Genderstern einen so kometenhaftem Aufstieg zum Symbol für eine „geschlechtergerechte Sprache" hinter sich, dass Robert Gernhardt, lebte er noch, den Titel seines Gedichtbandes „Besternte Ernte" dem aktuellen deutschen Texthimmel widmen könnte.

Denn dieser Himmel ist voll von Sternen, Binnen-Is, -Doppelpunkten und -Unterstrichen und wölbt sich nicht nur über die „Verlautbarungen" von Institutionen, die voll sind von „verbeamteten" Menschen, die auch schon Wortungeheuer wie *Straßenbegleitgrün* und *Beelterung* erfunden haben und ihren Mitteilungen immer noch etwas *anbei* legen, sondern inzwischen auch über das doch eigentlich sprachsensible Universum des Journalismus und über die Mitteilungen aus den Kommunikationsabteilungen von Unternehmen, die sich vor Shitstorms wegen sexistischer Sprache schon fast genauso fürchten wie vor imageschädlichen Verbraucherklagen. Da ist es an der Zeit, sich eine Meinung zu bilden.

Sind Knacklaute beknackt?

Ohne eine vertiefte Beschäftigung mit den Strukturen der Sprache ist das nicht möglich; aber es sollte mit offenen Augen und Ohren und vor allem unideologisch geschehen. Dazu gehört auch, sich mit möglicherweise berechtigten Argumenten der Genderaktivisten auseinanderzu setzen und keinesfalls falsche Behauptungen ins Feld zu führen – etwa, den bei der Wiedergabe des Gendersterns in der gesprochenen Sprache erforderlichen Glottisschlag, vulgo Knacklaut, gebe es im Deutschen gar nicht. Wir haben ihn, auch wenn er bei uns längst nicht so häufig vorkommt wie im Dänischen oder Arabischen.

Das amputierte Fragezeichen

Der Moderator in den *heute*-Nachrichten müsste also nicht unbedingt wie eine eierlegende Henne wirken, wenn er beim Wort *Politiker*innen* dem selbst gewählten Knackgebot zu entsprechen versucht, denn wir kennen den Glottisschlag nicht nur aus dem aus dem Anlaut von Wörtern wie *Auto*, sondern auch mitten in Wörtern, und nicht nur in Monstern wie *beeltern* – was übrigens bedeuten soll, ein Kind in eine Pflegefamilie zu vermitteln.

Bei *So ein Ei* lassen wir es vor den beiden /ei/-Anlauten knacken und beim unsäglichen *verbeamten* mitten im Wort vor /a/. Damit das krude Wort überhaupt verständlich wird, machen wir ganz automatisch und unbewusst jene Pause, die in der Schriftform gar nicht zu sehen ist, in der internationalen Lautschrift aber meist durch ein amputiertes Fragezeichen wiedergegeben wird: [fɛɐ͜bəˈʔamtn].

Selbst wenn wir das Wort lesen, hören wir im Stillen den Glottisschlag, weil das Wort uns sonst womöglich in die Nähe des *Beamers* geriete, den alle brauchen, die einen Vortrag „medial begleiten", weil sie mit spannender Rede allein, so ganz ohne Powerpoint, nicht mehr überzeugen können.

Ein wenig Lautlehre

Von Phonen und Phonemen

Was jetzt kommt, klingt zwar bedrohlich nach Linguistikseminar, ist aber nicht nur unterhaltsam, sondern auch erhellend für die Frage, warum viele Deutschsprachige den Genderstern und verwandte Hilfsmittel als störend empfinden.

Bedeutung bitte!

Fast noch mehr als mit dem schriftlichen Erscheinungsbild einer sternendekorierten Sprache hat es mit der zwingend erwarteten mündlichen Wiedergabe des Gendersterns als Glottisschlag zu tun – zwingend deshalb, weil nur so der wichtige Bedeutungsunterschied etwa zwischen *Bürger*innen* (alle Bürger, egal welch natürlichen Geschlechts) und *Bürgerinnen* (alle weiblichen Bürger) auch in der gesprochenen Sprache gesichert ist.

Da passiert nämlich etwas ziemlich Unerhörtes: Dem Knacklaut wird ein Status zuerkannt, der ihm nach der Lautsystematik des Deutschen gar nicht zukommt: Er wird zum Phonem. So nennt die Sprachwissenschaft die kleinste bedeutungsunterscheidende Einheit des Lautsystems einer Sprache.

Außer Rand und Band

Was ein Phonem ausmacht, ist leicht am Beispiel zu erkennen. Die Bedeutungen der Wörter *Rand* und *Land* etwa werden nur durch durch /r/ und /l/ unterschieden. Das macht die Laute (für die ich hier und im Folgenden bewusst nicht die nicht allen geläufige Lautschrift verwende) zu Phonemen. Ob jemand das /r/ rollt oder nicht, ist dabei in der deutschen Lautsystematik völlig unerheblich; das sind nur „Allophone“, oft regional geprägte Varianten, über die wir hinweghören.

Das Phonem-System gehört zur Identität einer Sprache und kann von Sprache zu Sprache sehr unterschiedlich sein. Während wir im Deutschen zum Beispiel viele sogenannte Minimalpaare allein schon für das Lautpaar /r/ und /l/ kennen (*Rand* und *Land*, *Ratte* und *Latte*, *Raben* und *laben*, *rot* und *Lot* usw.), hat dieses Paar etwa im Chinesischen keinen Phonem-Status. Die Chinesen können diese Laute zwar bilden, aber sie dienen ihnen nicht zur Unterscheidung von Bedeutungen. Wer daher mit 中文 (zhōngwén) aufgewachsen ist und Deutsch lernen möchte, kann im fortgeschrittenen Stadium das folgende kleine Gedicht von Ernst Jandl als Zungenbrecher für Übungszwecke benutzen:

Lichtung

manche meinen
lechts und rinks
kann man nicht velwechsern
werch ein illtum

Jandls Gedicht ist eine Reverenz an die faszinierende Welt der Phoneme und nicht etwa eine Belustigung über die Chinesen, deren reiches *zhōngwén* (*zhōng* für „Mitte“ und *wén* für „Text“, mithin „Sprache des Reichs der Mitte“) phonetische Methoden der Bedeutungsunterscheidung kennt, die uns völlig fremd sind. Denn je nachdem, welcher Ton auf einer Silbe liegt, ob ansteigend, fallend, gleichbleibend oder rauf und runter, kann das in ihrer Sprache eine Welt von Unterschied machen.

Gern wird zur Erheiterung Chinesisch-Lernender der Satz präsentiert, in dem die Mutter das Pferd beschimpft, weil in ihm ausschließlich die Silbe *ma* vorkommt, die aber wegen der unterschiedlichen Silbentöne mal „Mutter“, mal „Pferd“ und mal „beschimpfen“ bedeutet. Wer's nicht glauben mag, schlage in einem Online-Wörterbuch wie leo.org nach, staune über noch viele weitere Bedeutungen dieser einen Silbe und stelle sich anschließend vor, wie es wäre, auch noch die lange Latte verschiedener Schriftzeichen zu all den *ma* zu lernen.

Es ist traurig und bezeichnend, dass die Kommunistische Partei Chinas sich anmaßt, zum Zwecke der „Vereinfachung" in dieses fein austarierte System einzugreifen und zum Beispiel dem Zeichen für „Liebe" das Zeichen für „Herz" herauszuschneiden. So etwas tun Diktaturen, ohne Respekt vor einem großen Kulturgut, und wer protestiert, lebt gefährlich.

Mehr Respekt bitte!

Unser kleiner Exkurs kann uns zu zweierlei Erkenntnis verhelfen. Erkenntnis Nr. 1 und zugleich eine grandiose Botschaft gegen jegliche Art von Diskriminierung von Menschen, die eine andere als die eigene Muttersprache sprechen:

Es gibt keine „einfachen" und „schweren" Sprachen, wie angeblich unkomplizierte, leicht zu lernende Sprachen gern volkstümlich von vermeintlich komplizierten, schwierig zu lernenden Sprachen abgegrenzt werden. Die Ausdrucksvielfalt wird in den Sprachen der Welt nur auf jeweils eigene Art gesichert. Dabei kann sich schon die erwünschte Ausdrucksvielfalt unterscheiden, wie das gern bemühte Beispiel von den vielen verschiedenen Bezeichnungen der Eskimosprache für „Schnee" zeigt (was übrigens ein Mythos ist).

Erkenntnis Nr. 2: Wir sind gut beraten, ein solches Wunderwerk wie eine Sprache respektvoll zu behandeln, statt es ohne Abwägung von Nutzen und Schaden als Instrument für politische Interessen zu missbrauchen oder uns solchen Interessen unüberlegt zu beugen.

Begehren und Bekehren
Ein Hauch von Unterschied

Gesprochenes Gendern braucht, wenn es keine Missverständnisse erzeugen will, den Knacklaut, wo in der gendernden Schriftsprache mitten im Wort ein Symbol wie Sternchen, Unterstrich oder Doppelpunkt steht. Hat ihn jemand beim Sprechen weggelassen, ist es schlecht. Nachlesen geht immer, nachhören nicht unbedingt.

Über Pärchen

Anders als unsere etwa 40 Phoneme (je zur Hälfte Vokale und Konsonanten) hat der Glottisschlag im Deutschen keine phonemische, Bedeutungen unterscheidende Funktion. Mit Mühe nur lassen sich Wortpaare finden, in denen man dem Knacklaut eine solche Funktion andichten könnte, wie zur Not mit *verreisen* und *vereisen*. Er wird deshalb auch allgemein nicht zu den Phonemen gezählt. In der Welt der Phoneme mit ihren vielen Minimalpaaren ist er zumindest ein Außenseiter – und das, obwohl es auch bei den Phonemen manche Varianten gibt.

Da sind die vielen konsonantischen wie das /f/ und das /h/ (*Falle* vs. *Halle),* oder das /w/ und das /z/ (*Wunder* vs. *Zunder),* die vokalischen wie das /a/ und das /ö/ (*Halle* vs. *Hölle)* oder das /ü/ und das /o/ *(Tür* vs. *Tor)*, unter ihnen auch solche, die sich nur durch die Länge des Vokals unterscheiden *(Hölle* vs. *Höhle).*

Hingehört

Zahlreiche Lautpaare werden sogar mit denselben Sprechwerkzeugen an derselben Stelle im Mund gebildet und werden im Deutschen allein durch den Unterschied stimmhaft/stimmlos zu Phonemen, wie das /b/ und das /m/ *(Butter/Mutter),* die beide durch

Lippenverschluss gebildet werden, oder das /g/ und das /k/ *(geil/Keil)*, die beide im Kehlkopf erzeugt werden.

Schon dieser kleine Einblick zeigt, dass bereits ein ganz kleiner Unterschied in der Lautgebung, wenn er denn phonemisch ist, ohne Weiteres aus einem *Begehren* ein *Bekehren* machen kann – im Deutschen jedenfalls, denn ein phonemisches Unterscheidungsmerkmal stimmhaft/stimmlos hat das Koreanische zum Beispiel nicht; dort ist jeder Konsonant, der zwischen zwei Vokalen steht, stimmhaft zu sprechen.

Künstler vermisst

Dem Glottisschlag ist es im Deutschen also von seiner Natur her nicht gegeben, aus *Künstlerinnen*, sprich Künstlern weiblichen Geschlechts, *Künstler*innen* im Sinne von „alle Künstler, egal welchen Geschlechts" zu machen. Man muss ihm diese Funktion aufzwingen. Kein Wunder, dass das beim Sprechen lästig ist und deshalb oft genug auf den Knacklaut verzichtet wird, wo im Manuskript ein Genderstern oder Ähnliches steht.

Hier spätestens sind der Fehlinformation und dem Missverständnis Tür und Tor geöffnet. Bei einer gehörten Nachricht, das Kultusministerium habe „einen Rettungsschirm für Künstlerinnen" aufgespannt, stellt sich doch die Frage: Wie? Und die Männer gehen leer aus? Und die Diversen werden auch ausgeschlossen?

Leider kann man nur in der geschriebenen Sprache erkennen, ob hinter einer solchen Irritation Absicht steckt – so wie bei jenem Fernsehbild von zwei männlichen Bewerbern und einer Bewerberin um das deutsche Kanzleramt mit der Bildunterschrift: *Der Dreikampf der KandidatInnen – das Triell.*

Das Auge liest hier, weil sich das große /I/ besonders auf einem Monitor kaum von einem kleinen /i/ unterscheidet, automatisch *Kandidatinnen*, erst recht in Verbindung mit dem Wort *Triell*, das so französisch weiblich klingt und es nach dem Willen derer, die es für diese Wahl aus dem Schießsport importiert hatten, vielleicht sogar sollte, das es aber im Französischen gar nicht gibt; eine Wahl zwischen drei Kandidaten ist dort *une triangulaire*. Immerhin endete das besagte „Triell" anders als manches berühmte Duell ohne tödliche Blessuren.

Suum cuique

Wer noch das Glück hatte, Latein zu lernen, ist mit einer vernünftigen Devise gut durchs Leben gekommen: „suum cuique", jedem das Seine. Was gegendert wohl lauten müsste: „Jedem und jeder das Seine bzw. Ihre." Oder: „Jedem das Seine und jeder das Ihre." Wenn nicht gar unter kompletter Vernachlässigung aller nichtweiblichen Menschen: „Jede*r das Ihre." Da erscheint es schon fast vorteilhaft, sich, wie es gerade in Mode ist, vom humanistischen Bildungsideal komplett zu verabschieden; dann kommt man gar nicht erst in solche Verlegenheiten.

Dabei ist „suum cuique" gerade für unser Thema eine wunderbare Devise. Jeder das Ihre gilt ja auch für die Lautsysteme von Sprachen, die selbst bei vermeintlich eng verwandten keinesfalls identisch sind. Das Englische zum Beispiel hat andere Phoneme als das Deutsche.

Sagen kann man nur, dass die weltweit am häufigsten vorkommenden Vokale und Konsonanten (bei den Vokalen /i/, /e/, /a/, /o/, /u/ und bei den Konsonanten /p/, /t/, /k/, /m/, /n/) auch am häufigsten als Phoneme eingesetzt werden. Ganz nebenbei sind sie auch diejenigen, die Babys weltweit eher lernen als die weniger verbreiteten, und die Menschen, wenn sie, etwa durch Hirntraumata, ihrer Sprache verlustig gehen, überall am längsten behalten.

Jede Jeck es anders

Wer mit „suum cuique" nichts anfangen kann, kann sich ersatzweise mit der Devise von Menschen begnügen, die stark durch ihre römische Vergangenheit geprägt sind. Die Rede ist von den

Kölnern, deren Stadt einmal „Colonia Agrippina“ hieß. Zu deren Überzeugungen gehört: „Jede Jeck es anders“, will sagen: Jeder Mensch ist ein Narr, und jeder ist anders, liebe Narren (m/w/d).

Wer jedenfalls angesichts der Vielfalt der Sprachen und ihrer Regeln der Meinung sein sollte, man könne auch international eine „geschlechtergerechte“ Sprache durch so etwas erreichen wie die konsequente Verwendung von Gendersternen im Schriftlichen und Glottisschlägen im Mündlichen, hat vom Wesen der Sprachen nicht viel begriffen.

Und: Viel Spaß auch beim Übersetzen solcher Konstrukte!

Pas très gentil
Empörung über Frankreich

Suum cuique, jede Jeck es anders, chacun à son goût. Latein, Kölsch, Französisch; doch alle drei meinen grob das Gleiche. Man kann es – unter Inkaufnahme der generischen Maskulina – auch mit Goethe sagen: „Sehe jeder, wie er's treibe,/ Sehe jeder, wo er bleibe,/ Und wer steht, dass er nicht falle!" Das Gedicht, aus dem diese Zeilen stammen, heißt übrigens „Zur Beherzigung".

Si beau, si belle!

Ratschläge wie die oben möchte man wohl den gendernden Weltverbesserern geben, die sich mit teutonischer Anmaßung darüber ereifern, dass der französische Kultusminister das französische Pendant zum deutschen Genderstern (einen Punkt auf der Zeile) für den Gebrauch in Frankreichs Schulen verboten hat. Das offenbart, erstaunlich bei Menschen, die so ungern diskriminieren, entweder mangelnden Respekt vor einer anderen Sprachwelt oder schlichte Unkenntnis der doch sehr anderen Grammatikregeln des Französischen.

Unsere westlichen Nachbarn haben schließlich uns gegenüber bei korrekter Anwendung ihrer Grammatik das zusätzliche Problem, dass die Adjektive sich mit dem Genus eines Substantivs mitverändern: *Un beau garçon* ist ein schöner Junge, *une belle fille* ein schönes Mädchen. Im Plural sind die Unterschiede noch auffälliger: *les beaux acteurs* (die schönen Schauspieler), aber *les belles actrices* (die schönen Schauspielerinnen). Diese Art der Formenbildung führt naturgemäß bei Versuchen, im Französischen zu gendern, zu noch gewöhnungsbedürftigeren Erscheinungsformen als im Deutschen.

Non à l'écriture inclusive!

Die Hannoversche Allgemeine, in deren namensgebender Stadt die Verwaltung konsequent gendert, hat sich in einem Artikel vom 10. Mai 2021 intensiv mit den Vorgängen im Nachbarland befasst und auch darauf hingewiesen, was den französischen Bildungsminister bewogen hat, die gendergerechte Schriftsprache an Schulen und in seinem Ministerium zu verbieten. „Die Pünktchen", so zitiert die Zeitung den Minister, „störten den Lesefluss und erschwerten das Erlernen der Sprache." In seiner Verteidigungsrede vor dem Bildungsausschuss der Nationalversammlung habe er außerdem darauf hingewiesen, dass Schüler mit Lese-Rechtschreib-Schwäche sich mit der, wie es in Frankreich heißt, „écriture inclusive" besonders schwertun.

Wieso Pünktchen, werden Sie jetzt vielleicht fragen. Zum Verständnis: Wer im geschriebenen Französisch gendert, setzt kein Sternchen, sondern einen „Medianpunkt" auf die Zeile und lässt so zum Beispiel aus den bisher alle Wahlberechtigten umfassenden *électeurs* (Wählern) *électeur.rice.s* (Wähler*innen) werden. Denn die weiblichen Wähler sind *les électrices*.

Mehr aus- als eingeschlossen

Kein Wunder, dass der Minister in der Begründung seiner Ablehnung *les député.e.s* (die Abgeordneten) auch auf die Folgen für alle hinwies, die Französisch als Fremdsprache lernen. Fremder geht kaum. Ganz schlechte Karten wären das für die „francophonie internationale".

Unsere französischen Nachbarn lieben nicht nur ihr Land und erklären das auch jedem, sondern genauso ihre Sprache. Deshalb darf sich der Minister bei seinem Genderverbot breiter Unterstützung sicher sein. Ein Verein mit dem kämpferischen Namen „Non à l'écriture inclusive" (Nein zur inklusiven Schreibweise) hatte 50.000 Unterschriften gesammelt. Und, auch das berichtet die Zeitung aus Hannover, die Generalsekretärin der Organisation „SOS Education" kam zu dem Urteil, die „inklusive" Sprache schließe mehr Menschen aus als ein.

Wer meint, die Vorgänge im Nachbarland damit abtun zu können, die seien dort ja auch viel konservativer, sollte registrieren, dass das französische Genderverbot mit der Einführung einer Neuerung einherging: Wo ein Beruf von einer Frau ausgeübt wird, soll er ab sofort auch in der weiblichen Form genannt werden. Gehörte das Saarland zu Frankreich, hätte die dortige Sparkasse keine Chance, jene Kundin, die nicht „Kunde" genannt werden wollte und deshalb vor höchste Gerichte gezogen ist, auflaufen zu lassen. Mehr dazu lesen Sie auf Seite 102.

Die Netiquette

Liebenswürdiger Umgang miteinander, gespiegelt im sprachlichen Ausdruck, findet naturgemäß wenig Hindernisse in einem Land, das den Begriff *gentilhomme* kennt. Während wir den Titel von Molières Komödie „Le Bourgeois Gentilhomme" mit „Der Bürger als Edelmann" übersetzen, steckt im Französischen *la gentillesse* (die Liebenswürdigkeit) schon drin. Kein Wunder, dass wir für gepflegte Manieren im Netz ein französisches Wort importiert haben: *la nétiquette.*

„Alte weiße Männer"
Ist Gendern jung?

Zurück nach Deutschland. Wo vermeintliche Petitessen wie Sternchen und Knacklaute so heftige Diskussionen auslösen, dass sogar ein Meinungsforschungsinstitut bemüht wurde, eine Umfrage zum Thema Gendern durchzuführen (Infratest Dimap 2021 im Auftrag der Welt am Sonntag), stellt sich die Frage, was hinter der ganzen Aufregung steckt.

Missbrauch?

Es geht um nichts weniger als einen Missbrauchsvorwurf. Er lautet: Mit der Gendersprache wollen bestimmte Interessengruppen die deutsche Sprache zur Durchsetzung gesellschaftspolitischer Ziele missbrauchen. Die Angegriffenen keilen zurück, indem sie die Gendergegner, wo männlich, als „alte weiße Männer" und insgesamt als „ewig Gestrige" bezeichnen.

So viel ist erkennbar richtig: Unter jüngeren Menschen ist die Akzeptanz des Genderns verbreiteter als unter älteren. Das hat auch die langjährige ZDF-Nachrichtenmoderatorin Petra Gerster festgestellt, wie sie den Bonner General-Anzeiger im Mai 2021 in einem Interview wissen ließ, nachdem sie kurz vor ihrem Abschied aus dem Job mit dem Gendern angefangen hatte.

„Endlich wahrgenommen"

Die große Mehrheit der Ablehnenden, so die Erfahrung der ZDF-Frau, sei älter und männlich. Männer beklagten sich oft, sie hörten „nur noch weibliche Endungen". Gersters Kommentar dazu: „Was haben denn Frauen gehört all die Jahre? Die haben Jahrhunderte lang nur männliche Endungen gehört." Und weiter: „Ich bekomme auch immer mehr Post von jungen Frauen, die das toll finden und sagen: Endlich fühlen wir uns wahrgenommen."

Dass Frauen, und besonders junge, eine große Sehnsucht haben, in der Sprache „sichtbarer" zu sein, ist oft zu hören. Es ist fast so, als freuten sie sich über solche Störelemente wie Gendersterne in der Schriftsprache und Glottisschläge in der gesprochenen Sprache, weil diese mit ihrer Signalwirkung ganz deutlich auf das Begehren aufmerksam machen. Das ist verständlich.

Aber fragen sie sich auch, ob sie durch Gendern fairere Lebens- und Arbeitsbedingungen erreichen? Ob Sprachkosmetik zu solchen Leistungen fähig ist? Oder ob es sich nicht so verhält wie mit dem „Gute-Kita-Gesetz", das die Lösung des großen Problems einer immer noch unzureichenden Kinderbetreuung insinuiert, dieses aber keinesfalls behoben hat?

Das Facebook-Syndrom

Menschen mit mehr Lebenserfahrung sollten die Frage nach der normativen Kraft der Sprache eher skeptisch betrachten. Sie haben ja schon so viele leere Versprechungen erlebt – von „Die Rente ist sicher" über „Blühende Landschaften" und „No bailout" bis zur „Schwarzen Null". Auch durch „Framing", wie das Modewort für schönsprecherische Rahmungen von Aussagen heißt, lässt sich niemand ein X für ein U vormachen. „Beitrag", gar zur „Daseinsvorsorge"? Die Leute sprechen trotzdem weiter von „Rundfunkgebühr", weil die Wahrheit bekanntlich nackt am schönsten ist.

Aber warum gendern dann zum Beispiel erfahrene TV-Moderatoren? Sind sie überzeugt von der Sache? Möchten sie als jung wahrgenommen werden? Oder beides?

Vorsicht, kann man da nur sagen: Wenn die „Alten" es auch machen, ist eine Sache schon tot. Das ist wie mit Facebook, das für die Mehrzahl der Teenies in dem Augenblick erledigt war, als die Eltern dort auch auftauchten. Das fanden sie „nur peinlich". Die effektivste Methode für Ältere, sich gegen das Gendern zu wehren, wäre es wahrscheinlich, wenn nicht nur Mama und Papa, sondern auch noch Oma und Opa es mit Glottisschlägen richtig knacken ließen – und dazu anbiedernd sagten: „Krass, Alter, lass uns gendern!“

So schön irrational
Jünger ist älter als jung

Eine der Eigenschaften natürlicher Sprachen ist es, dass sie den Gesetzen der formalen Logik nicht folgen wollen. Das macht sie faszinierend, vielschichtig, lebendig, zu einer Herausforderung für Juristen und zu einem hoffentlich auf ewig unerreichbaren Maßstab für Künstliche Intelligenz.

Irre? Nein, natürliche Sprache

Zu den Irrationalitäten einer Sprache, die manche mit Gendersternen trimmen zu können glauben, gehört unter anderem, dass eine Steigerungsform womöglich gar keine Steigerung ausdrückt.

Das gilt nicht nur in der Welt der Sachen, wo eine *größere Erbschaft* eine kleinere Erbschaft ist als eine *große Erbschaft* und wo umgekehrt ein *kleineres Vermögen* ein größeres ist als ein *kleines Vermögen*, sondern auch in der Bezeichnung von Menschen. So ist *ein jüngerer Mann* älter als *ein junger Mann.* Und *eine ältere Frau* ist eine jüngere Frau als *eine alte Frau.*

Man sieht: Auch das Deutsche bietet höchst elegante Methoden, weniger gern gehörte Wahrheiten charmant zu sagen. Wenn ich nicht so brutal sein will, von einer nicht mehr ganz jungen Frau zu sprechen, greife ich zur Steigerungsform und bezeichne sie als *jüngere Frau* – eine Technik übrigens, die noch gar nichts ist gegen die Perfektion von Marktfrauen, die Passanten unabhängig vom Alter gern zurufen: „**Junge** Frau, schau'n Sie doch mal, Spargel jetzt nur noch 4 Euro!“ Oder zum alten Herrn mit Rollator: „**Junger** Mann, wie wär's mit einem Blumenstrauß?“

Auf nach Wien!

Wenn man in eine Sprachschule gehen möchte, um die elaborierte Form solcher Bemühungen zu lernen, empfiehlt sich Wien. Eine der schönsten Geschichten handelt von einem deutschen Ehepaar im Kaffeehaus, in dem der Ober der Dame den Kaffee bringt und sagt: „Bitt'schön, Gnädigste, der Verlängerte. Meine Verehrung: So schöne blaue Augerl!" Worauf der Mann sich entrüstet: „Ulrike, meint der das etwa ernst?!"

Auf Unhöflichkeiten, wie man sie in heftig gendernden Kreisen fast täglich zu hören bekommt, kämen weder unsere Marktfrauen noch der Wiener Ober. Wenn es um die Zusammensetzung von Parlamenten geht, ist zum Beispiel ständig und in anklagendem Ton von *Überalterung* die Rede – ein Wort, dass in dieselbe üble Kategorie gehört wie manch andere *Übers*: *Überbevölkerung, Überdehnung, Überdüngung, Überbelichtung, Übergepäck*. Auch von der *Versteinerung* von Gremien wird gern vorwurfsvoll gesprochen – als würde nach der Entfernung der Versteinerten auf jeden Fall etwas Solideres auf den Stühlen Platz nehmen.

Wer da so gescholten wird, sind Menschen einer Generation, die noch nicht „instagrammable" sein will, Menschen, die sich nicht von „Likes" abhängig machen und deshalb auf „Posing" gut verzichten können. Was auffällt, ist die Parallele zum Gendern: Hauptsache, die Fassade stimmt.

Wo Diskriminieren sein darf

Halten wir fest: Diskriminieren ist eine Todsünde. Aber Altersdiskriminierung darf sein; darum gibt es dafür auch kein Wort mit Endung *-istisch oder -phob.* Wie wär's mit seniorophob? Aus Kreisen älterer Menschen ist mir ein solcher Vorschlag bisher nicht bekannt. Vielleicht sind Leute mit Lebenserfahrung ja in ihrer Mehrzahl so abgeklärt, dass sie sich über Vokabeln weniger aufregen als über tatsächliche Diskriminierung.

Und die gibt es. Etwa, wenn ein 65-Jähriger, obwohl topfit, keinen Job mehr bekommt. Oder wenn die Bank einer 80-Jährigen trotz Sicherheiten kein Hypothekendarlehen mehr gewährt. Oder wenn der Enkel den Opa zum Computerkauf begleitet, weil der kräftige junge Mann den Rollstuhl schiebt, und der Verkäufer sich immer nur an den Enkel wendet, weil der Alte ja nicht zur Generation der „digital natives" gehört und vermutlich ohnehin nichts versteht.

Wenn also über das gesprochen ist, was tatsächliche Diskriminierung bedeutet, haben die Sprachverbesserer allen Grund, ihren Opferkanon über Frauen und People of Color, Menschen mit Migrationshintergrund und LGBTQI+ hinaus zu erweitern auf die Alten, die dann gern auch alte weiße Männer einschließen dürfen.

Da Ironie ja nicht immer verstanden wird, möchte ich klarstellen: Bevor wir einen Namen für noch eine weitere Opferkategorie finden und in ein zunehmend verquastes Correctness-Deutsch aufnehmen, wäre es gut, den Blick auf die tatsächlichen Missstände zu richten und an deren Behebung zu arbeiten – und dies vorzugsweise mit den Mitteln, die unsere Verfassung uns allen an die Hand gibt.

„Erwachsenensprache"

Vielleicht hilft dabei die Lektüre des Buches von Robert Pfaller mit dem Titel „Erwachsenensprache" (Frankfurt am Main 2018). Darin heißt es: „In dem Moment, als sich die Einkommensunterschiede wieder dramatisch verschärften und gleiches Recht für alle von den neoliberalen Eliten nicht einmal mehr als Utopie festgehalten wurde, entstand die Propaganda unterschiedlichen Rechts für Diverse. Die postmodernen Identitäts- und Sprachpolitiken sind nicht der Anfang oder die Fortsetzung, sondern vielmehr das Ende und der Ersatz einer Politik der Gleichheit."

Es steht zu vermuten, dass der österreichische Philosophie-Professor nicht etwa der deutschen Partei Die Linke angehört; aber es ist schon sehr erstaunlich, wie stark er und Sahra Wagenknecht in ihrem Buch „Die Selbstgerechten" von 2021 in ihrer Analyse übereinstimmen. Was ja auch dazu geführt hat, dass der Freidenkerin ein Parteiausschlussverfahren angedroht wurde. Wolfgang Thierse und die SPD lassen grüßen.

Keine Lust auf Feigenblätter

Vor dem soeben geschilderten Hintergrund möchte ich in meiner Eigenschaft als keinesfalls mehr junge weiße Frau auf den möglichen Vorwurf reagieren, die Ablehnung des Genderns sei ein Problem älterer weißer Männer. Es geht weder um Männer noch um Weiße noch um das Alter, sondern darum, dass sich Menschen aller Geschlechter, Hautfarben, Altersgruppen, Herkunft und so weiter dagegen wehren, dass verbale Feigenblätter die wahren Probleme eher verschleiern als sie zu benennen oder gar zu lösen.

Dass eine Mehrheit so empfindet, hat die bereits erwähnte Umfrage von Infratest Dimap aus dem Jahre 2021 gezeigt. Wenn 65 Prozent aller Befragten das Gendern ablehnen, nach nur 56 Prozent im Jahre 2020, mit einer auf 59 Prozent seitdem ebenfalls gestiegenen Ablehnungsquote auch unter Frauen, spricht das eine deutliche Sprache.

Von einem Genderverbot allerdings haben aber 51 Prozent aller Befragten erfrischenderweise eher nichts wissen wollen. Vielleicht haben die Befragten schlicht erkannt, dass sich die Mitglieder einer vitalen Sprachgemeinschaft, wenn sie nicht gerade in einer Diktatur leben und bei Nichtbefolgung um Leib und Leben fürchten müssen, ohnehin so schnell nichts verbieten lassen. Der verbal zu Grabe zu tragende „kleine Mann" unterläuft den akademischen Dirigismus derweil auf seine Art. Da ruft der Polier, so erzählt mir ein Bauunternehmer: „RAL 8017, wo sind die Monteure?" RAL 8017 bezeichnet schokobraun.

Es redet sich

Kürzlich habe ich im WDR ein Interview mit einer jungen Frau gehört, deren Muttersprache Jiddisch ist. Sie sagte den wunderbaren Satz: „Jiddisch spricht man nicht; es redet sich."

Schöner und prägnanter kann man nicht zum Ausdruck bringen, dass das Sprechen in einer Muttersprache ein unreflektierter Vorgang ist, dass man sich mit traumwandlerischer Sicherheit in einem Regelsystem bewegt, ohne die Regeln bezeichnen zu können und zu müssen. „Reden, wie einem der Schnabel gewachsen ist", heißt eine beliebte Redewendung, die sinnfällig zum Ausdruck bringt, dass es sich beim Reden um einen natürlichen Vorgang handelt, der uns vertraut ist und uns ein Gefühl von Heimat und Zuhause gibt, frei von Zwängen und Vorschriften. Wenn wir dann das Gefühl vermittelt bekommen, dass es etwas Schlechtes ist, wenn wir reden, wie es unserer Intuition entspricht, wenn wir plötzlich jedes Wort „auf die Goldwaage legen" sollen, dann *muss* das Unbehagen auslösen und die Frage: Mit welchem Recht wird uns das abverlangt? Und die Reaktion: Was bilden die sich ein!

Von Theodor Storm stammt ein Vierzeiler, der komplett im generischen Maskulin verfasst und trotzdem heute nicht weniger richtig ist als zu seiner Entstehungszeit 1872:

Der Eine fragt: was kommt danach?
Der Andre fragt nur: ist es recht?
Und also unterscheidet sich
Der Freie von dem Knecht.

Theodor Storm aus Husum war übrigens Nordfriese, ein Menschenschlag, den man schon deshalb besonders lieben muss, weil sie einen wunderbaren, aufrechten Leitspruch haben: „Rüm hart, klaar kimming!" Weites Herz, klare Sicht! Ein solches weites Herz aber sortiert die Menschen dort, wo es keine Rolle spielt, ungern nach Kategorien wie Geschlecht, Hautfarbe und Herkunft.

Die neuen Hymnen
Große Töchter und Söhne

Was bei allem Glauben an die Kraft der Intuition Anlass zur Sorge gibt, ist ein nicht nur in Umfragen erkennbarer geringerer Widerstand jüngerer Menschen gegen Eingriffe in ihre Muttersprache. Woran liegt das? Ist ihnen der Begriff Muttersprache zu dicht am suspekten Begriff Vaterland?

Codierte Botschaften

Sahra Wagenknecht spricht in ihrem Buch von „Trigger-Wörtern", die im „inner circle" der Lifestyle-Linken zu vermeiden seien. Es handele sich um „Codes, die harmlos klingen, aber angeblich bei bestimmten Gruppen Traumata auslösen oder von Rechten verwandt werden, um ihre menschenverachtende Ideologie zu tarnen." *Heimat* und *Volk* gehörten dazu.

Bei Letzterem kann ich wegen seiner Nähe zum durch die Nazis total verbrannten Adjektiv *völkisch* das Unbehagen verstehen; man kann das Wort nach diesem unsagbar traurigen Kapitel der deutschen Geschichte nur noch benutzen, wenn der Kontext so eindeutig positiv ist wie in den berühmten Zeilen aus Schillers Tell: „Wir wollen sein ein einzig Volk von Brüdern/ In keiner Not uns trennen und Gefahr." Die *Heimat* würde ich mir aber auch jenseits literarischer Zitate ungern rauben lassen. Denn sie meint die Gesamtheit aller Dinge, die uns ein Zuhause-Gefühl geben, einschließlich der Sprache.

Sehr volatil

Wagenknecht beobachtet, dass die Normen der Korrektsprecher keine lange Lebensdauer haben. Das stimmt, und Sie werden im Kapitel „Endstation Babylon" auf S. 192 ff ein Beispiel für eine ganze sogar internationale Euphemismus-Kette finden. Wagenknechts Beispiel stammt aus Berlin, wo der angeblich nichtdiskriminierende Begriff *Menschen mit Migrationshintergrund*, der anderswo gerade erst eingeübt wird, schon wieder tabu sei. Er sei laut einem Senatsbeschluss von 2020 durch *Menschen mit internationaler Geschichte* zu ersetzen. *Illegale Einwanderer* gebe es nun auch nicht mehr, sondern *undokumentierte Migrantinnen und Migranten*.

Spiel nicht mit den Schmuddelkindern

Liegt es an der Angst, mit rechten oder gar rechtsradikalen Zeitgenossen in einen Topf geworfen zu werden, dass nicht nur junge, aber doch besonders viele junge Menschen um bestimmte Wörter einen Bogen machen wie der Teufel um das Weihwasser? Ich vermute ja – auch wenn die Ablehnung ihres Textes sicher nicht der einzige Grund ist, warum manche Menschen zum Beispiel die deutsche Nationalhymne nicht singen mögen.

Für die einen ist das *Vaterland* in der Zeile „Einigkeit und Recht und Freiheit für das deutsche Vaterland“ das Problem, für die anderen der angeblich sexistische Begriff „brüderlich“ in der Fortsetzung „Danach lasst uns alle streben brüderlich mit Herz und Hand“. Denen, die das Wort *Deutschland* nicht auf dem Parteiprogramm der Grünen sehen wollten, ist vielleicht allein schon der Wortstamm *deutsch* suspekt und wieder andere finden, dass Nationalhymnen komplett ausgedient haben.

Der große Sohn Haydn

Das Schönste an der deutschen Nationalhymne ist ja ohnehin die Melodie, die wir einem Österreicher verdanken. Joseph Haydn aus Eisenstadt im Burgenland hatte sie eigentlich auf „Gott erhalte Franz den Kaiser“ komponiert. Die Österreicher selbst begnügen sich derweil mit einer weniger grandiosen Melodie, wenn sie in ihrer Bundeshymne singen: „Heimat großer Töchter und Söhne" – seit 2012 jedenfalls. Bis dahin hieß es: „Heimat bist du großer Söhne". Aber das muss man in der Tat nicht mehr haben.

Die Nationalhymnen hätten übrigens ein eigenes Kapitel in einer Betrachtung der politisch korrekten Sprache verdient. Das lassen wir aber, denn wir wollen nicht den Fehler machen, den Franzosen vorzuwerfen, dass sie in ihrer Marseillaise immer noch wie zu Revolutionszeiten singen (und das ist nur der Refrain):

Aux armes, citoyens,	Zu den Waffen, Bürger
Formez vos bataillons,	Formiert eure Truppen
Marchons, marchons!	Marschieren wir, marschieren wir!
Qu'un sang impur	Damit unreines Blut
Abreuve nos sillons!	unsere Furchen tränke!

Um zu verstehen, wie es möglich ist, dass die Nachbarn den blutrünstigen Text noch heute so singen, muss man sich ein wenig mit der Geschichte der Marseillaise beschäftigt haben und wissen, dass sie 1792 als Kriegslied für die Rheinarmee zur Welt gekommen ist und in ihrer Geschichte als Hymne zahlreicher Befreiungsbewegungen gedient hat.

Während man vielleicht nur bedauernd verstehen kann, dass deutsche Schüler solche welthistorischen Hintergründe nicht mehr vermittelt bekommen, erscheint es doch fatal, wie sie so wenig an die Geschichte ihres eigenen Landes und ihrer eigenen Sprache herangeführt werden, dass ihnen auch heute noch vitale Begriffe, Wendungen, Lieder und Gedichte aus früheren Zeiten und deren Entstehungskontext verborgen bleiben. Der beliebte Reflex des Schimpfens auf „die Jugend" ist da fehl am Platze; wo die Ausbildung versagt, ist es unfair, jungen Menschen mangelndes Feingefühl für ihre Muttersprache vorzuwerfen.

„Alle Menschen werden Brüder"

Wer zu wenig literarische Bildung genossen hat, um zu wissen, dass Schillers „Alle Menschen werden Brüder" eine Kampfansage an Standesgrenzen war und nicht etwa eine Geringschätzung der Frauen zum Ausdruck brachte, wird aus seiner unverschuldeten Geschichtsblindheit heraus verständlicherweise gern fordern, dass wir diese Textpassage der heimlichen Europa-Hymne wegen der Geschlechtergerechtigkeit anders formulieren. Das wäre allerdings schlimm für Schillers großartige „Ode an die Freude", und es steht zu vermuten, dass Beethoven sich von einem „geschlechtergerecht" verschlimmbesserten Text niemals zum Schlusschor seiner unsterblichen Neunten Sinfonie hätte inspirieren lassen.

Na und, tönt es da bereits, nur nicht so schön wie bei Beethoven, aus dem Beitrag eines „Kulturradios", „warum ist klassische Musik so weiß?" Vielleicht lassen die Autoren sich die Antwort von den unzähligen Chören auf aller Welt geben, die die „Ode an die Freude" mit Genuss und Gänsehaut singen. Denn so ist es:

„Alle Menschen werden Brüder, wo dein sanfter Flügel weilt."

Dein bezieht sich übrigens auf *die Freude*, Femininum. Was soll man da sagen? Eigentlich nur eines: Danke, Schiller!

Wenn Wörtern Flügel wachsen

Falls Sie geneigt sind, die Autorin dieses Buches spätestens an dieser Stelle zu den „ewig Gestrigen" zu zählen, sei darauf hingewiesen, dass wir auch die Wendung *das ewig Gestrige* – wie so viele geflügelte Worte, denen wegen ihrer Schönheit im Laufe der Zeit Flügel gewachsen sind – Friedrich Schiller verdanken. Für die Neugierigen: In diesem Fall ist die Quelle der letzte Teil der Wallenstein-Trilogie „Wallensteins Tod".

Warum ich das erzähle? – Weil es zu schade wäre, wenn der sanfte Flügel der Freude, jener *Tochter aus Elysium*, der laut Schiller weilt, wo niemand mehr aufgrund seines Standes diskriminiert wird, demnächst nicht mehr schlüge, nachdem Schillers epochales Gedicht einer neuen Generation, um es mit einem biblischen Begriff (Offenbarung 5, 1–6) zu sagen, vielleicht zu einem *Buch mit sieben Siegeln* geworden ist.

Nicht lustig
Vom Wechsel der Tonart

Die Klage darüber kann nicht groß genug sein: In unseren Schulen lernt kaum jemand mehr die Gedichte der Klassiker auswendig. Auf die sprachprägende Kraft dieser Erfahrung, die so beglückend sein kann, müssen viele junge Menschen verzichten.

Es wäre aber nicht gerecht, den unüberseh- und -hörbaren fortschreitenden Verlust der Sprachkompetenz allein der Schule anzulasten. Die wachsende Unfähigkeit zu einer differenzierten, gar elaborierten Ausdrucksweise wird zweifellos auch gefördert durch den Konsum und die eigene Produktion von überwiegend Kurzbotschaften in Posts, Tweets, SMS und WhatsApp-Nachrichten, garniert mit Herzen, lachenden und weinenden Augen, hochgereckten Daumen und anderen Emojis und Chiffren des Typs *4you* oder *lol* (*laughing out loud*, „irre lustig").

Das alles fügt sich in eine Zeit, in der auch in vielen sogenannten „seriösen" Medien immer mehr Kurzatmiges produziert wird. Vom Zwei-Minuten-Interview bis zu den „Kurznachrichten", deren knappe Zeit auch noch mit teilweise schwer verständlichen O-Ton-Schnipseln gefüllt wird, setzt sich die Häppchen-Kultur immer mehr durch. Journalismus to go, schnell konsumieren und weg damit. Zeit für differenzierte Inhalte? Immer weniger. Zeit für Betroffenheit? Immer mehr. Es scheint fast so, als solle der Verlust an Inhaltsreichtum durch den Ausdruck moralischer Integrität kompensiert werden.

Elite ist pfui

Was auch in den Medien zu beobachten ist, ist Ausdruck eines Zeitgeistes, dem elaborierte Codes fremd geworden sind. Wir sind zwar nicht alle gleich; aber wir lassen es gern so aussehen – in unserem Äußeren genauso wie in der Sprache. Darum präsentiert sich der CEO vor Kameras mit offenem Hemdkragen und wird bewundert, wenn ihn die Belegschaft duzen darf.

Wer das Wort *Elite* benutzt, wird schräg angesehen. Niemand darf überfordert werden. Wie schlimm Unterforderung für einen interessierten und begabten Menschen sein kann, berührt da weniger. Da gibt es kein Mitleid mit Minderheiten. Denn angesichts der Gaußschen Normalverteilung auch der Intelligenz haben wir es bei den Hochbegabten zwangsläufig mit einer Minderheit zu tun. Stimmen wie diese sind aber selten zu hören: „Hochbegabung ist ein Geschenk der Natur an die Gesellschaft." So zitiert ein junger Dozent der renommierten Folkwang Universität der Künste einen treffenden Satz, der Karl Marx zugeschrieben wird. Derweil schmücken sich unsere Bundesländer mit gestiegenen Abiturientenquoten und ignorieren dabei, dass ein großer Teil derer, die angeblich die Hochschulreife haben, noch nicht einmal sicher in Rechtschreibung und Zeichensetzung ist.

Es lebe die Exzellenz

Ein Mathematik-Professor erzählt, er habe beim zuständigen Ministerium um Unterstützung für einen Elite-Studiengang nachgesucht und sich eine Abfuhr geholt: Das sei positive Diskriminierung. Wahrscheinlich hätte er von *Exzellenz* sprechen müssen; *Exzellenz* geht, *Elite* nicht. Die *Elite-Universitäten*, die zumindest dem Wort nach für Deutschland so gut wie abgeschafft sind, dürfen aber merkwürdigerweise als Bezeichnung für Harvard und andere US-Hochschulen noch durchgehen.

Dafür haben unsere *Exzellenz-Universitäten* den irritierenden Gedanken adaptiert, Exzellenz könne unter anderem daran gemessen werden, wie viele „Drittmittel" ein Forscher einzuwerben in der Lage ist. Sprachen wir früher von der Freiheit von Forschung und Lehre, müssen Wissenschaftler sich und ihr Institut heute vor allem vermarkten können. Bei manchen Projekten werden sogar

Agenturen damit beauftragt, Projektanträge für Wissenschaftler zu schreiben, um die Bewilligungschancen zu erhöhen.

Es ist alles eitel

Lohnt sich überhaupt die Mühe, gegen die allgegenwärtige Abwendung von umfassender Bildung, gegen die grassierende Verflachung, gegen den schleichenden Verlust elaborierter Sprachformen anzuschreiben? Bringt das etwas angesichts der Tatsache, dass man schon bei den einfacheren Dingen verzweifeln muss?

So hat der bekannte Sprachlehrer Wolf Schneider ganzen Generationen von Journalisten beizubringen versucht, dass eine Mutter für ihre Kinder sorgt, aber nicht etwa ein Unfall für Tote. Und was ist? Es sorgen weiterhin Stürme für Schäden und Corona für überfüllte Intensivstationen. Dieser Kampf ist inzwischen verloren. Die Menschen sind durch Dauerexposition abgestumpft. Sei's drum, wird man da sagen; dann hat *sorgen für* inzwischen eben eine Zweitbedeutung im Sinne von „zu etwas führen"; die Sprache ändert sich halt.

Beim Gegenstand dieses Buches geht es aber nicht um solche Einzeltöne, die die Komposition einer Sprache zwar nicht unbedingt bereichern, aber ihr auch keinen allzu großen Schaden zufügen. Hier geht es um ein wichtiges Element des Kompositionsprinzips.

Will man Formen, die alle Menschen meinen, völlig neu interpretieren, weil sie historisch gewachsen in vielen Fällen äußerlich identisch sind mit der Bezeichnung für Männer, ist das gerade so, als wollte man eine Symphonie von Dur nach Moll transponieren. Das wird ein völlig anderes Stück! Es löst andere Gefühle aus und ist im Zweifel kaum noch wiedererkennbar.

In der Sprache passiert aber noch etwas: Es verändert, von diesen ungewollt, die Aussagen derer, die Sprache in der alten, der gelernten Tonart verwenden. Sie fühlen sich an die Wand gestellt als Menschen, die die zeitgemäße neue Tonart nicht begriffen haben, oder werden gar nicht beabsichtigter Botschaften bezichtigt. Wer nicht gendert, steht schnell unter Verdacht, mit dem generischen Maskulinum Frauen und Diverse ausschließen zu wollen, auch wenn er oder sie das überhaupt nicht vorhatte. Das löst dann Aggressionen aus gegenüber der Hybris bestimmter Zirkel, die zu wissen glauben, was für andere gut ist.

Was dieser heute baut

Das vielleicht berühmteste Sonett in deutscher Sprache, auch dieses entscheidend geprägt durch das generische Maskulinum, trägt den Titel „Es ist alles eitel" und stammt von dem Barockdichter Andreas Gryphius. Es beginnt mit den Zeilen:

Du sihst / wohin du sihst / nur Eitelkeit auff Erden.
Was dieser heute baut / reist jener morgen ein

Ist wirklich jeder Versuch, Wertvolles zu bewahren, eitel, sprich: vergeblich? Können wir nicht verhindern, dass das Gendern für eine weitere Tote „sorgt": die Schönheit und Klarheit der deutschen Sprache? Müssen wir hinnehmen, dass eine Generation, der das generische Maskulinum suspekt gemacht wird, mit dem Gryphius-Gedicht überhaupt nichts mehr anfangen kann?

So tiefi-ronisch

Werden wir zu spät erkennen, dass die Gendersterne, Binnen-Is, Binnen-Unterstriche und Binnen-Doppelpunkte Menschen mit Lese-Rechtschreib-Schwäche das Verständnis von Texten so schwer machen wie ein Barockgedicht, das in der Schreibweise von 1637 wiedergegeben wird – mit dem Unterschied allerdings, dass bei der Lektüre des Barockgedichts im Gegensatz zu den Genderstern-Verlautbarungen die Mühe belohnt wird?

Dass nicht zu erwartende Unterbrechungen mitten im Wort zu enormen Schwierigkeiten beim Textverständnis führen, kennen wir ja nicht nur von den *Blumento-pferden*. Gerade erst sind mir in einem Text *Altbauch-arme* untergekommen. Was merkwürdige Gliedmaßen hätten sein können, entpuppte sich bei genauerem Hinsehen als *Altbau-Charme*. Solche Beispiele bemühen wir gern, wenn wir allen anraten, auf die korrekte Worttrennung zu achten. Denn sonst kommen lauter *tiefi-ronische* Texte dabei heraus und im geradezu kriminellen Fall wird die Website *therapists.com* als „the rapists.com" gelesen. Erinnern wir uns: Die Rücksicht auf Legastheniker war einer der Gründe, der den französischen Kultusminister bewogen hat, das Gendern an Frankreichs Schulen zu verbieten.

Immer uber
Das betroffene Deutschland

Zentralistische Anordnungen wie das Genderverbot in Frankreich würde bei uns bereits die Kulturhoheit der Länder verhindern. Unabhängig davon scheinen pragmatische Lösungen aber insgesamt nicht so sehr unsere Sache. Wörter auf Wanderschaft verraten viel darüber, wie das in anderen Ländern wahrgenommen wird.

„Le weltschmerz"

Es ist sicher kein Zufall, dass, wenn die Franzosen mal ein deutsches Wort bei sich einwandern lassen, es gern so etwas ist wie *Waldsterben* oder *Weltschmerz.* Wie formulierte es Heine doch so fein ironisch von seinem französischen Exil aus: „das blonde Deutschland, mit seinen ernstblauen Augen, seinen traulichen, allzu bedächtigen Gesichtern".

Auch die Briten haben uns längst durchschaut. Nicht nur die *Angst* und den *Zeitgeist* haben sie für sich entdeckt, sondern auch unsere Vorsilbe „über" – für alles, was irgendwie übertrieben oder überzogen ist. Nur den Umlaut lassen sie weg. In der Jugendsprache als Steigerungsform für *super* oder *mega* verbreitet, begegnet es auch Erwachsenen regelmäßig in englischen Zeitungen. Es wird munter mit englischen Wörtern kombiniert zu *uber-rich* oder *uber-strong* und hat dabei nicht selten einen ironischen Unterton.

Wer jetzt auf den Geschmack gekommen ist und mehr wissen möchte über „Ausgewanderte Wörter", um dabei unter anderem auch das japanische *arbeito* (für „Zweitjob") zu entdecken, lese das gleichnamige Buch aus dem Hueber-Verlag. Es ist zwar schon 2006 erschienen, weshalb es zum Beispiel sein kann, dass der *vahtimesteri* im Finnischen schon wieder durch eine andere Bezeichnung für den „Hausmeister" abgelöst worden ist, denn nicht nur Häuser werden immer wieder gereinigt, sondern auch die Sprache; aber es birgt manch Erhellendes über die Fremdwahrnehmung der Deutschen und ist auf jeden Fall ein Leckerbissen für Sprachgourmets.

„Starckdeutsch"

Auch wir haben in unsere Sprache viele fremde Wörter aufgenommen, darunter selbst solche, die sich in unserer Phonetik so merkwürdig ausnehmen wie das endsilbenbetonte *Portemonnaie,* das obendrein für unsere Augen so ungewöhnlich geschrieben wird, dass die neue Rechtschreibung auch *Portmonee* erlaubt.

Das geht alles; das hält eine Sprache aus. Sie hält es auch aus, wenn, wie in den 1970er-Jahren geschehen, im Berliner Kneipendunst eine Gruppe von Künstlern „Starckdeutsch“ entwickelt, eine wunderbare Persiflage, die ihren Durchbruch mit einem kurzen Gedicht über die „Arrkiteikturr“ erlebte.

Vn demm Hurzz büzs zu de Ullpn
snd di Häusur steitz di sullpn

Ja, man muss sich eine Weile einhören, bis klar ist: „Von dem Harz bis zu den Alpen sind die Häuser stets dieselben.“ Aber dann kann es Ihnen so ergehen wie später meiner Tochter und mir, die wir uns beim Frühstück vor lauter Lust an dieser kuriosen Lautverschiebung so lange auf Starckdeutsch unterhielten, bis mein Mann entnervt sagte: Ich glaube, es reicht.

Unglaublich belastbar

Was ich damit sagen will: Eine Sprache ist unglaublich belastbar, solange man ihre grammatischen Regeln in Ruhe lässt. Selbst so eine extreme Spielerei mit Lauten wie im „Starckdeutsch“ hält sie aus. Kein Zweifel, dass Sie schon nach der kurzen Einführung durch das Gedicht über die „Arrkiteikturr“ auch das über die Holländischen Tomaten mühelos verstehen:

Hullondüsche Tumautn
Harrlüch! – dönckst tu, gauffst di rauten
glantzind pfröschn Totumauten.
Duch peim Ößßn marckste dunn,
dißß monn gurnüxx tschmarckn kunn:
Sünd'z nonn Gorcken, sünds Tumautn, –
Üsst öss garr oin Heunarbrautn,
pfrösch oss Hullondt ümmportuurt?
Hart monn düch woll arngeschmurrt.

Wenn Sie jetzt süchtig nach mehr geworden sind, lesen Sie Matthias Koeppels Buch „Starckdeutsch. Eine Orrswuhl dörr schtahurcköstn Gedeuchten" (Wagenbachs Taschenbücherei, oder besorgen Sie sich das Hörbuch dazu). Denn: Es kann nicht oft genug gesagt werden: Om Onnfung worr dus Wurrt.

Im Sprachhimmel?
Oh du mein holder Genderstern

Ja, am Anfang war das Wort. Was den „Kämpfer*innen" für eine vermeintlich mühelos mit wenigen unkomplizierten Zutaten „inklusiv" zu gestaltende Kommunikation der sternenklare Sprachhimmel, unter dem eine gerechtere Welt gedeiht, kann spätestens dort, wo man diesen Himmel nicht auf dem Papier oder Display erlebt, eher die Hölle sein: in der gesprochenen Sprache.

Die Bundeskanzlerinnen

Folgende Nachricht war im Radio zu hören: „Die Bundeskunsthalle Bonn zeigt ab heute in einer Ausstellung die gemalten Porträts sämtlicher Bundeskanzlerinnen." Eine nachrichtliche Formulierung dieser Art ist inzwischen kein Einzelfall mehr, aber macht die durch das Gendern entstehenden Probleme besonders deutlich.

Je nach Vorbildung und Einstellung lautet die eine Reaktion: „Ja, sind die denn blöd? Wen hatten wir denn **noch** in dem Amt außer Merkel?" Und die andere: „Man sollte den Knacklaut beim Sternchen schon ein bisschen deutlicher aussprechen!" Und eine dritte: „Typisch öffentlich-rechtlich! Schon wieder jemand, der auch von **meinen** Gebühren lebt und mich jetzt auch noch erziehen will!" Oder schließlich: „Recht so; drehen wir Frauen doch mal den Spieß um! Früher waren eben auch mal **Männer** Kanzlerin." Schon ist durch ein vermeintlich harmloses Sternchen eine Nachricht, die nach klassischem Verständnis neutral sein sollte, politisiert.

ARD = Alle Reden Divers?

Mit umso größerem Erstaunen sucht man in einem ARD-Themenpapier namens „Gemeinsam sind wir Vielfalt", herausgegeben zum „Diversity-Tag“ 2021, das „Verantwortung“ als eines seiner Leitmotive benennt, vergeblich nach der Verantwortung für die deutsche Sprache. Der Publikation geht es darum nachzuweisen, dass die durchgehend inklusive Orientierung, die Ablehnung jeder Form von Diskriminierung, im Programm angekommen ist. So weit, so gut für einen Anbieter, dessen Programme alle bezahlen, unabhängig von Geschlecht, Herkunft usw.

Es ist aber nicht zu bestreiten, dass von der in Rundfunk und Fernsehen gesprochenen Sprache eine starke normative Kraft ausgeht. Das ist grundsätzlich nicht zu beklagen; schließlich hat das vor allem von den Nachrichten und Magazin-Sendungen des Ersten Deutschen Fernsehens und des dann später hinzu gekommenen Zweiten nicht wenig zur Herausbildung eines in allen Regionen akzeptierten Hochdeutsch und damit zur Einheit des Landes beigetragen. Umso erstaunlicher, dass das Thema Sprache auf den über 50 Seiten des „Diversity“-Papiers nirgendwo erwähnt wird. Der Begriff „Gendern“ gar kommt selbst in einem Kapitel mit der Überschrift „Geschlecht und geschlechtliche Identität“ kein einziges Mal vor; stattdessen **wird** einfach gegendert – wie in vielen Programmen, so auch in hier.

Da zum öffentlich-rechtlichen Auftrag ausdrücklich auch die Vermittlung von Kultur gehört und es ohne Sprache keine Kultur gibt, gibt der Verzicht auf eine Begründung für so gravierende Eingriffe in die Sprache, wie sie durch das Gendern vorgenommen werden, aber zu denken – dies insbesondere dann, wenn die Mehrheit der Bevölkerung und damit der Beitragszahler dem Gendern nachweislich ablehnend gegenübersteht.

Schlimmer als Nuscheln

In den Rundfunkräten, denen die gesellschaftliche Kontrolle der öffentlich-rechtlichen Sender obliegt, wird gern beklagt, in den Fernsehkrimis werde „genuschelt“. Diese durchaus nicht immer unberechtigte Kritik wird von den Sendern auch ernst genommen; Abhilfe ist auf dem Weg. Das Verständnis von Texten wird aber unzweifelhaft auch, wenngleich auf andere Weise, durch das Gendern erschwert. Leider ist diese Auffassung nicht in allen Aufsichtsgremien mehrheitsfähig. Wer sich etwa als Frau dagegen verwahrt, in einem Protokoll als *Mitgliederin* bezeichnet zu werden, wird je nach politischer Couleur des Gremiums im Zweifel als nicht auf der Höhe der Zeit angesehen werden.

Da kann man dann von Glück sagen, dass das Gendern, sollte es nicht selbst eines Tages zum Gegenstand eines wütenden Konflikts werden, zumindest in den Krimis noch nicht angekommen ist, weil Drehbuchdialoge gern, um ein Luther zugeschriebenes Wort zu verwenden, dem Volk aufs Maul schauen.

Die kleine und die große Ablenkung

Leider erschwert das Gendern nicht nur das rein akustische Verständnis von Texten, sondern auch die Konzentration auf die Inhalte. Eine Unternehmerin, die mit Maschinenbau viel Geld verdient hat, eine vom Typ pragmatisch und unideologisch, hat mich auf eine ganz andere, wenig beachtete Crux aufmerksam gemacht. Wenn sie so etwas höre wie die Nachricht von den Gemälden der „Bundeskanzlerinnen", bekomme sie den Rest der Nachrichten gar nicht mehr richtig mit, weil sie durch solche Irritationen vom Eigentlichen abgelenkt werde, und das Eigentliche seien doch wohl die Inhalte.

Content first?

Das ist nun allerdings interessant: Seit Jahren gilt in den Medien die Parole: „Content first" – zuerst der Inhalt; der „Ausspielweg" – ob geschriebener oder gesprochener Text, stehendes oder bewegtes Bild oder eine Mischung von allem mit oder ohne Musik – sei zweitrangig. Woraus dann auch die Notwendigkeit abgeleitet wird, „crossmedial" zu arbeiten, um die Inhalte nur einmal zu recherchieren und sie dann in jeweils modifizierter Form auf alle Kanäle zu verteilen, auf denen ein Publikum sie suchen könnte. Und da wird dann ausgerechnet über missverständliche Formen auf den „Ausspielwegen“ die Wahrnehmung des so wichtigen „Content“ erschwert.

Kleiner Trost am Rande: Das Wort *Content* ist einer der Glücksfälle einer Übernahme aus dem Englischen, weil seine korrekte Betonung auf der ersten Silbe dem deutschen Prinzip der Stammbetonung entgegenkommt. Eine Betonung auf der zweiten Silbe würde aus derselben Buchstabenfolge ein Adjektiv machen: *content,* „zufrieden“. Da wollen wir also mit einem vom „Verein Deutsche Sprache“ vermutlich angefeindeten Anglizismus zufrieden sein. Denn Content fügt dem „Inhalt“, der genauso in einer Weinflasche sein könnte, eine spezielle Facette hinzu: die Inhalte von Medien.

Placebo-Effekt?

Vom Eigentlichen abgelenkt werden wir durch die Gendersprache aber in erster Linie im bereits angesprochenen generelleren Sinn. Es ist nämlich zu fragen: Macht diese Sprache die Gesellschaft tatsächlich gerechter? Ändert sie etwas an den realen Verhältnissen? Wird der Gender-Pay-Gap geringer durch einen vom Sternchen geschaffenen Abstand zwischen *Berater* und **in*? Oder haben wir es hier mit einem Placebo zu tun? Nach dem Motto: keine nachgewiesene Wirkung, aber ein gutes Gefühl für alle, die gendern?

Wohin des Wegs?
Das Handballer*innenzelt

Laute und Bedeutungen, auch Schreibweisen und Bedeutungen, führen in unserer Sprache keine monogame Ehe. Je nachdem, in welchem Kontext uns zum Beispiel eine „Bank" begegnet, geht es ums Geld oder ums Sitzen. Und wenn wir hören: „Bauer schlägt Königin", könnte es sich um einen Angriff auf die Queen handeln, aber auch um ein Schachspiel.

Der doppelte Boden

Wegen solcher Mehrdeutigkeiten kann uns der vermeintlich harmlose kleine Genderstern auf unsicheres Gelände führen. Denn wer würde sich nicht fragen, wo bitte das Außenzelt ist, wenn da ein Weg zum *Handballer*innenzelt* ausgeschildert ist?

Besonders bei Komposita, Wortzusammensetzungen, kann das Gendern mühelos bis in die Parodie führen. Nicht auszudenken, man/frau wäre Innenarchitekt*in und würde zusammen mit anderen *Innenarchitekt*innen* zum *Innenarchitekt*innenkongress* eingeladen! Sorgen wie diese scheinen sich bis in die Duden-Redaktion herumgesprochen zu haben, die bei Komposita das generische Maskulinum derzeit noch hinzunehmen bereit ist. Der *Innenarchitektenkongress* hat also noch nicht ausgedient. Auch solche Schöpfungen wie *Kurzarbeiter*innengeld*, *Bauherr*innenmodell*, *Mitarbeiter*innenengagement* und *Kreisinspektor*innenanwärter*innen* werden uns wohl außerhalb von Kabarettbühnen noch eine Weile erspart bleiben.

Ewig gestrig?

Fürsprecher*innen des Genderns mögen ob solcher Beispiele bitte nicht denken, ich nähme das Anliegen hinter den „inklusiven"

Sprachformen nicht ernst. Wenn das so wäre, hätte ich nicht, als das Gendern noch kein Thema war, das Buch „Zickenlatein“ (F.A.Z.-Buch 2001) geschrieben. Es ging damals darum, die Leser dafür zu sensibilisieren, wie in einer Welt der Wirtschaft, in der Männer „Märkte erobern“ und „feindliche Übernahmen“ vorbereiten, Sprache benutzt wird, um Macht und Einfluss zu sichern. Mit vier Auflagen hat das Buch vermutlich nicht ganz wenigen Menschen die Augen für diese Zusammenhänge geöffnet.

Bildwelten

Man kann sicher nicht leugnen, dass Begriffe Bilder in unseren Köpfen entstehen lassen. In der „feministischen Linguistik“ wird gern und zu Recht darauf hingewiesen, dass das grammatische Geschlecht eines Wortes, obwohl es nicht mit dem biologischen gleichzusetzen ist, dennoch Vorstellungen über das biologische Geschlecht des bezeichneten Menschen (oder auch Tieres) befördert.

Ein gern bemühtes Beispiel ist *die Biene*: Nach der Grammatik ist das Wort feminin, aber es steht fraglos für alle Bienen, auch für männliche. Umgekehrt kann *die Giraffe* im konkreten Fall ein männliches Tier sein und *der Fink* ein Vogelweibchen. Dennoch neigen wir dazu, einer Biene wie im Kinderbuch eher den Namen *Maja* als den Namen *Martin* zu geben, und der Maulwurf Grabowski in Männerkleidung erscheint uns glaubwürdiger als ein Maulwurf Greta. Es ist natürlich nicht auszuschließen, dass hier auch andere Zuschreibungen wie die vom Bienenfleiß, den angeblich vor allem Frauen an den Tag legen, oder die vom Wühlen in der Erde, das vielen als männliches Vergnügen gilt, mit ins Spiel kommen.

So viel dürfte aber klar sein: Wenn die Schule im Fach Wirtschaft vermittelt, *der CEO* einer AG sei deren *Vorstandschef*, ohne darauf hinzuweisen, dass die Zahl von Frauen in solchen Positionen wächst, darf man sich nicht wundern, dass Mädchen, die einen solchen Unterricht genossen haben, sich nicht unbedingt als künftige CEOs sehen – auch wenn sicher nicht behauptet werden kann, vor allem solche Vokabeln seien der Grund dafür, dass Frauen als Vorstandsvorsitzende immer noch rar sind.

Der Taschengeld-Gap

Vielleicht müssten die späteren Frauen schon als kleine Mädchen protestieren, wenn ihre Brüder 11,5 Prozent mehr Taschengeld bekommen als sie. Denn das ist nach einer Forsa-Umfrage im Auftrag des Kindermedienverlags Blue Ocean von 2021, über den der Focus berichtete, bei Kindern zwischen 4 und 13 der durchschnittliche „Pocket Money Gap" in Deutschland.

Und vielleicht sollten Eltern, um ihre Kinder nicht immer weiter mit überkommenen Genderzuschreibungen zu blockieren, mal bei den Kinderbüchern aufräumen. Es ist schon merkwürdig: In Pippi Langstrumpf darf aus Rücksicht gegenüber schwarzen Menschen der „Negerkönig" nicht mehr sein; aber unsere Töchter und Enkelinnen bekommen mit Prinzessin Lilifee und Co. auch von ihren Müttern rücksichtslos eine Welt in Rosa vorgesetzt, während für die Jungs ebenso borniert vorzugsweise Bob und andere kleine Baumeister zuständig sind.

Die Einzigen, deren Job wir so sichern, sind die Inhaber*innen von Lehrstühlen, die dann auch in der nächsten Generation noch gut mit der Untersuchung nicht zeitgemäßer Genderzuschreibungen zu tun haben, an denen angeblich die Grammatik mit ihrem generischen Maskulinum schuld ist. Dabei sind es heute mehr denn je die Bildwelten, von denen die Macht ausgeht. Über die nachzudenken, auch und gerade in Medien für die Jüngsten, würde die Schulung einer gleichberechtigten Denke sicher wirkungsvoller fördern als Sprachdeko mit Gendersternchen.

Seid ausgegeben, Millionen!
Gendern für 'ne bess're Welt!

Es wäre interessant, einmal auszurechnen, was die Einführung einer „inklusiven Sprache" neben dem ideellen Schaden einer Spaltung der Gesellschaft in eine gendernde Minderheit und eine sich ausgegrenzt fühlende Mehrheit inzwischen gekostet hat.

Keine Peanuts

„Wir mussten jetzt an unserer Uni ein Unisex-WC bauen“, höre ich von einem Dozenten. „Wegen Diversity.“ Und? „Es geht keiner hin. Und nachdem wir aus Sicherheitsgründen auch noch eine Kamera gegenüber installiert haben, lässt sich dort schon gar keiner mehr blicken.“ Die Unisex-Toilette, von der hier die Rede ist, ist gebaut worden an einer Uni, an der niemand in seinem Aufnahmeformular beim Geschlecht „divers“ angekreuzt hatte. Vielleicht hätte man das Geld für die Toilette doch vielleicht lieber in die Studienförderung für alle gesteckt? Denn da fehlt es an allen Ecken und Enden. Das ist nur ein Beispiel von vielen. Wo ein Trigger-Wort wie Gender oder Diversity im Spiel ist, kommt es auf Geld scheinbar nicht an.

Man möge nach dem auch nicht ganz preiswerten Umtaufvorgang von *Studentenwerken* in *Studierendenwerke* aber bitte nicht denken, dies sei eine rein akademische Erscheinung. Die banalsten Dinge sind dabei, für teures Geld „geschlechtergerecht“ überarbeitet zu werden.

Die „Veranlagung"

Die Steuererklärung ist wohl als Nächstes dran. So jedenfalls lese ich in der Zeitschrift Finanztest (Ausgabe 7/21), die mir ein genervter Steuerzahler geschickt hat. Warum? Wenn Ehepartner gemeinsam „veranlagt“ werden, wie das im Fachchinesisch heißt, werden die Namen bisher in der Reihenfolge Ehemann-Ehefrau genannt. Das sei diskriminierend, heißt es. Künftig sollen die Ehegatten die Reihenfolge selbst festlegen, nach Geburtstagen zum Beispiel. Ja, wenn das so einfach geht, warum dann erst jetzt, möchte man fragen. So einfach ist es aber nicht. Die Beibehaltung einer etablierten Reihenfolge empfiehlt sich aus rein praktischen Gründen. Nur so können in aufeinanderfolgenden Jahren die Daten den immer gleichen Steuerpflichtigen zugeordnet werden, und dies in einer Welt, die mit all ihren Verlustvorträgen, Steuernachzahlungen und Abschreibungen über Jahre hinweg niemals nur einen einzigen „Veranlagungszeitraum“ betrachtet.

Ich zuerst

Es heißt, die Anregung, die vom Petitionsausschuss des Bundestages an das Finanzministerium herangetragen worden sei, brauche zu ihrer abgeschlossenen Umsetzung fünf bis sieben Jahre. Es müssten schließlich die IT-Verfahren für die Aufbereitung und Verwendung der gespeicherten Daten und die Darstellung im Steuerbescheid aktualisiert werden. Was das am Ende wohl gekostet haben wird? In jedem Fall wird es viel Geld gewesen sein, damit Frau Schmitz zu ihrem Mann sagen kann: „Liebling, dieses Jahr komme ich aber mal zuerst in der Steuererklärung!“ Worauf Herr Schmitz, wenn er vernünftig ist, antwortet: „Das ist mir doch egal. Aber wenn, dann bitte immer so; sonst kommen wir ja ganz durcheinander. Es kann natürlich sein, dass der Herr Schmitz etwas aus der Sache lernt für den Fall, dass er und seine Gattin mal aus einem brennenden Bus oder einem havarierten Schiff gerettet werden müssen. Wenn er dann hört „Frauen und Kinder zuerst“, könnte er ganz frech fragen: Wieso?

Wie erfrischend ist da jene kleine Geschichte, die in die wunderbaren „Briefe aus dem Büro von Axel Hacke“ Eingang gefunden hat. Geschickt wurde sie Hacke von einer Dame, die bei der Telefonauskunft gearbeitet hatte. Ich zitiere: „Eine ältere Anruferin aus dem tiefsten Bayern wollte im Nachbarort einen Herrn Doktor Mayr sprechen. Leider konnte ich keinen finden, aber mehrere ähnliche, z. B. Herr Dr. Meyr, Herr Dr. Mair, Herr Dr. Meier, außerdem einen Herrn Dipl. med. Mayr. Sie bestand aber auf Schreibweise und Doktortitel. Also sagte ich zu ihr: Das Einzige, was ich finden kann, ist eine Frau Dr. Mayr. Daraufhin sagte sie: Geben Sie mir bitte die Nummer, *vielleicht hat sich's ja geändert.*"

Unser aller Geld

Alljährlich lesen wir so gegen Mitte Juli in den Zeitungen, bis zum heutigen Tage hätten wir allein fürs Finanzamt gearbeitet. Und in der Tat wandert über die Hälfte unseres Einkommens, indirekte Steuern mitgerechnet, in öffentliche Haushalte. Deutschland ist da ganz vorn. Die Menschen in den Behörden, die Genderleitfäden erarbeiten und sämtliche Internetauftritte, Broschüren und Formulare inklusiv umschreiben, tragen ihren Teil dazu bei. Wenn Unternehmen das machen, ist es ja ihr Geld; hier aber wird das Geld von Steuerzahlern ausgegeben, die das Ganze mehrheitlich gar nicht wollen.

Ich weiß auch nicht, ob ich es gern indirekt mitfinanzieren möchte, dass ich von einer Universität, die ich immer sehr geschätzt habe, jetzt in Briefen mit „Guten Tag, Dagmar Gaßdorf" angeredet werde, nachdem deren Korrektsprech-Leitlinien eine geschlechtliche Zuordnung vermeiden, wie sie durch „Liebe Frau Gaßdorf" gegeben wäre und die Gleichheitsdenke eine höfliche Formel wie „Sehr geehrte Frau Dr. Gaßdorf" erst recht zum Tabu erklärt.

Das ist alles nicht erfunden, sondern bundesrepublikanische Realität, und dort auch nur ein winziger Beleg dafür, dass die Briten den Nagel auf den Kopf träfen, wenn sie uns in „Uber-republik Deutschland" umtauften. Andererseits: Was man da von den „Elite-Universitäten" Oxford und Cambridge hört, an denen renommierte Colleges ihre Namen ändern sollen, weil die Namensgeber „Kolonialisten“ waren und wo man inzwischen selbst um Churchill-Denkmäler fürchten muss … Der Mann war unter anderem Literaturnobelpreisträger. Aber wen interessiert das schon?

Im Juli 2021 kam die Nachricht, die britische Regierung habe sich genötigt gesehen einzuschreiten, um an den Unis des Landes die Redefreiheit zu sichern. An der Universität Cambridge hatte es eine Website gegeben, die dazu aufforderte, „Microaggressionen“ zu melden. Die Website wurde eingestellt. Aber wie kann an einem Ort der Gedankenfreiheit einer solcher Blockwartgeist entstehen?

Wenn man den Gedanken zu Ende denkt, darf man künftig keinen Goethe mehr lesen, weil der die Frauen schlecht behandelt hat, und erst recht keine Musik von Wagner mehr hören, weil der nun wirklich ein übler Antisemit war, auf dessen Bayreuther Hügel Hitler als „Onkel Wolf“ willkommen war. In den USA wird man dann auch, was dort bereits von einigen Pädagogen gefordert wird, Shakespeare aus dem Unterricht verbannen, weil der als alter weißer Mann nicht mehr in das politisch korrekte Weltbild passt. Die Sache wird sich dann eines Tages aber von selbst erledigen, weil ohnehin niemand mehr versteht, was *Shall I compare thee to a summer's day* bedeutet.

Von Herzbuben

In Deutschland haben wir dann immerhin als stolze neue Errungenschaft eines aus einer Universität hervorgegangenen Start-ups geschlechtergerechte Kartenspiele – ohne Bube, Dame und König. Da deckt man sich am besten rechtzeitig mit einem kleinen Vorrat richtiger Skatspiele ein. Um das Schachspiel ist übrigens weniger zu fürchten: Über 90 Prozent der Spieler sind Männer, und eine offensichtlich nicht nur bei ihren Spielzügen sehr gescheite Schachgroßmeisterin hat auch eine spannende These, warum die Männer in dieser Disziplin so erfolgreich sind: Sie hätten die Fähigkeit, sich stur auf eine Sache zu konzentrieren.

Zertifiziert!
Marketing mit Moral

Schau mal", sagt eine Freundin und zieht ein Werbemagazin mit dem Titel „DOUGLAS let's do beautiful" aus der Handtasche. „Du schreibst doch an diesem Genderbuch. Die schmücken sich da mit einer ‚Beyond Gender Agenda'."

Die schöne Kund:in

Da ich Neuigkeiten über Parfüms und Kosmetik keinesfalls abgeneigt bin, habe ich mir das Heft angesehen und dabei auch entdeckt, was die Freundin meinte. Im Editorial wurde ich noch nicht fündig. Dass ich mit „Liebe Leserinnen und Leser!" angesprochen wurde, fand ich in Ordnung. Bei einer direkten Ansprache würde ich das auch so machen, vor allem dann, wenn ich davon ausgehen darf, dass es doch mehrheitlich Frauen sein werden, die sich für die „Wimperntusche mit patentierter Powerful Bürste für kleinste Härchen und den perfekten Augenaufschlag" interessieren.

Weiter unten im Editorial kam dann auch nur das, was in einem Magazin dieser Art zu erwarten war, hier jedoch mit Genderdoppelpunkt: „Wir hoffen sehr, dass Ihnen gefällt, was Sie hier sehen. Denn Sie sind unser größtes Geschenk. Wunderbare Kund:innen, die uns jeden Tag ihr Vertrauen schenken." Als wunderbare Kund:in habe ich dann die Cover-Story gelesen und dort den Grund für das Mitbringsel meiner Freundin gefunden. Eine Initiative namens „Beyond Gender Agenda", so stand da zu lesen, habe Douglas als erstes Unternehmen in Sachen Diversität und Inklusion „zertifiziert".

Die CEO

Diversität, die selbstverständlich im Genderdeutsch daherkommt, ist – wer wollte es einer freien Marktwirtschaft verdenken – auch ein Marketinginstrument. Eine kluge junge Gründerin hat für ein Start-up mit dem erwähnten zeitgeistkompatiblen Namen namhafte Sponsoren gefunden, unter ihnen auch die Kosmetikkette, und zertifiziert nun solche Unternehmen. Die CEO von Douglas, für deren Funktion glücklicherweise die Abkürzung reicht, weil wir sonst mit *Chief Executive Officer* schon wieder ein, diesmal schwer zu genderndes generisches Maskulinum hätten, und die zugleich als Beirät*in für das Start-up fungiert, lässt sich so zitieren: „Bei Douglas verstehen wir Diversität als strategischen Wettbewerbsfaktor." Haben wir hier ein praktisches Anwendungsbeispiel für die von Beate Hausbichler in ihrem Buch „Der verkaufte Feminismus" (Residenz Verlag 2021) beobachtete „Transformation der feministischen Idee zu einem profitablen Label"?

DIN ISO lässt grüßen

Gütesiegel als Marketinginstrumente kennen wir seit Langem. Ein Qualitätsmanagement nach DIN EN ISO 9001 gibt uns das gute Gefühl, dass ein derart zertifiziertes Unternehmen uns eine gleichbleibend hohe Produkt- bzw. Dienstleistungsqualität bietet. Ein Gütesiegel für Haltung und Moral ist neu. Und man darf sich schon fragen, was in einer Gesellschaft nicht stimmt, wenn etwas zertifiziert werden muss, was durch deren Grundgesetz pure Selbstverständlichkeit sein sollte. In Artikel 3 heißt es bekanntlich: „Niemand darf wegen seines Geschlechtes, seiner Abstammung, seiner Rasse, seiner Sprache, seiner Heimat und Herkunft, seines Glaubens, seiner religiösen oder politischen Anschauungen benachteiligt oder bevorzugt werden."

Mit so schlichten, gut verständlichen Worten kommt das Gütesiegel „Beyond Gender Agenda" nicht aus. Hier lauten die Kriterien „Disability“, „Ethnicity“, „Gender“, „Generation“, „LGBT+“ und „Social Mobility“.

Vorteil: divers

Der Firma Douglas ist, wie zu hören ist, an gelebter Diversität in ihrem Unternehmen tatsächlich sehr gelegen. Und es stimmt: Auch wo keine Rechtsverstöße vorliegen, muss das Klima ja noch nicht in Ordnung sein; da kann man mehr tun. Über allem Moralisieren sollte man aber nicht vergessen, dass allein schon kluges Wirtschaften unbedingt für diverse Teams spricht. So wie gemischtgeschlechtliche Führungscrews höhere Renditen erwirtschaften, bringt eine bunt zusammengesetzte Mitarbeiterrunde mehr Kreativität durch unterschiedliche Denkansätze ins Spiel und kann obendrein manchen dummen Managementfehler verhindern.

Es ist ja nicht schön, wenn es erst nach einem Reinfall heißt: Hätten wir den muslimischen Kollegen vorher gefragt, hätten wir das Führungskräfte-Meeting bestimmt nicht an einem Freitag angesetzt! Oder: Hätten wir doch einen Chinesen in unserem Team gehabt! Dann wären wir nicht auf die Idee gekommen, die neue Filiale in Shanghai ausgerechnet an einem 4. zu eröffnen!

Der Chinese hätte natürlich sofort gewarnt, weil für seine Landsleute das Wort für „Vier“, das phonetisch so nah am Wort für „Tod“ ist, mehr Unglück bringt als in der Vorstellung vieler Deutscher die Zahl 13. Falls Ihnen also einmal auffällt, dass Ihr Hotel in China keine Etage 4 hat, wissen Sie, woran das liegt. Alles nur Sprache? Wohl wahr! Aber eine Etage 4 wäre geschäftsschädigend für das Hotel.

Unabhängig von materiellen Erwägungen ist aber so viel heute schon klar: Divers aufgestellte Unternehmen sind die attraktiveren Arbeitgeber, und das ist auch gut so. Mit Sternen gendern müssen sie dazu nicht unbedingt, fair sprechen schon.

Mögen hätt' ich schon wollen

Wie man eine faire Kommunikation ohne Kauderwelsch realisiert – darüber dürfen sich die Profis in den Kommunikationsabteilungen gern intelligente Gedanken machen. Den Mut aber, sich als unsinnig empfundenen Vorschriften zu widersetzen, möchte man allen wünschen: Professoren, denen die Genderregeln ihrer Uni nicht passen, die aber den Mund halten, weil sie an ihre Karriere denken; Journalisten, die mit dem Gendern ein junges Publikum zu beeindrucken glauben; Politikerinnen, die zu Hause demonstrativ gendern, aber beim Staatsbesuch im Iran weniger demonstrativ unter einem Schador verschwinden und das als Respekt vor anderen Kulturen rechtfertigen.

Wo man das beobachtet, hilft nur noch die Zuflucht bei der Komik, und gern bei einem der ganz Großen unter den Komikern: Karl Valentin, der den geschilderten Zwiespalt zeitlos schön in Worte gekleidet hat: „Mögen hätt' ich schon wollen, aber dürfen habe ich mich nicht getraut."

Kauderwelsch, das

Manches Kauderwelsch wird sich zum Glück wohl kaum jemals durchsetzen. Dabei kann Kauderwelsch richtig komisch sein. Wer erinnert sich nicht an jenes vielfach geteilte Video „Stoibers gestammelte Werke" mit Ausschnitten aus der Rede einer, wie einige heute schreiben würden, ehemaligen Kanzlerkandidat*in.

Kauderwelsch hat ja viele Erscheinungsformen, darunter, wie der Duden richtig schreibt, eine aus mehreren Sprachen gemischte, unverständliche Sprache oder Sprechweise, so wie im Beispiel „Beyond Gender Agenda". Berühmt ist auch das Wissenschaftskauderwelsch. Dazu lässt sich auf der Seite wortwuchs.net ein ganz wunderbarer Fund machen: „Ballistische Experimente mit kristallinem H_2O auf dem Areal der pädagogischen Institutionen unterliegen striktester Prohibition." Erraten? Das Werfen mit Schneebällen ist auf dem Schulgelände verboten.

Unschuld, die

Nachdem das Deutsche durch allerlei Gerechtigkeitsmanipulationen inzwischen viel von seiner Unschuld verloren hat, fühle ich mich an dieser Stelle bemüßigt, dem Wort *Kauderwelsch* vorsichtshalber eine unschuldige Vergangenheit zu attestieren. Wahrscheinlich kommt es von *Churwelsch* – als Bezeichnung jener romanisch-germanischen Mischsprache, die etwa seit dem 16. Jahrhundert im schweizerischen Chur gesprochen wurde.

Wegen der Verwandtschaft des Wortbestandteils *Welsch* mit dem Wort *Wallachei* für ein Gebiet in Rumänien, das später eine abschätzige Zweitbedeutung bekommen hat, könnte aber die Idee aufkommen, hier würde schon wieder diskriminiert. Doch abgesehen davon, dass die *Wallachei* in ihrem übertragenen Sinne inzwischen von der *Pampa* abgelöst worden ist („Wie, du ziehst allen Ernstes aus der Stadt in die Pampa!"), ist auch das *Welsche* total integer. Noch in der Goethe-Zeit diente es zur Bezeichnung der romanischen Sprachen, allen voran Französisch. Deshalb wurden auch die Menschen, die Welsch redeten, die *Welschen* genannt. Es sei denn, man wollte genauer werden wie einer der Saufkumpane in Auerbachs Keller, den Goethe in seinem Faust ausrufen ließ: „Ein echter deutscher Mann mag keinen Franzen leiden / Doch ihre Weine trinkt er gern."

4 Männer, 500 Säue

In einem Genderbuch darf nun keinesfalls fehlen, was die von Faust mit Wein abgefüllten Studenten (selbstredend allesamt Männer, da Frauen damals noch nicht studieren durften) singen: „Uns ist ganz kannibalisch wohl / Als wie fünfhundert Säuen." Vier Männer, die *die Sau* als Bezeichnung für jeden von sich noch im besoffenen Kopf für ganz natürlich halten. Es steht zu vermuten, dass auch heutige Männer in diesem Zustand aller sonst gendernden Dienstfertigkeit zum Trotz mit derartigen Liedern zumindest kein grammatisches Problem hätten.

Was für ein schönes Thema für eine Doktorarbeit in der feministischen Linguistik übrigens, die die Sauen gegen die Diskriminierung als *Säue* in Schutz nehmen könnte. Solidarität kennt ja keine Grenzen. Es müsste für den Fall, dass der Sexismus-Begriff nach dem Motto „Tiere sind auch nur Menschen“ nicht auf diese Art von Diskriminierung ausgedehnt werden sollte, nur noch ein Wort erfunden werden; an Untersuchungsobjekten ist dagegen kein Mangel: *dumme Ziege, blöder Hund, alter Esel, blindes Huhn, alte Schnepfe, alberner Gockel* usw. Man könnte sogar, wollte man auch noch ein paar Masterarbeiten vergeben, auch kleinere Tiere und Redewendungen mit einbeziehen: *eine Meise haben, die Mücke machen* … ein weites Feld, und Spaß garantiert.

Von Autos bis KI
Über echte Diskriminierung

Ein bisschen Spaß zwischendurch darf hoffentlich sein. Doch sollte uns das keinesfalls davon abhalten, hinzuschauen, wo diskriminiert wird, ohne dass das generische Maskulinum dafür zur Verantwortung gezogen werden könnte.

KI benachteiligt Frauen

Von Künstlicher Intelligenz ist in diesen Tagen viel die Rede. Und der Laie denkt: Da wird nur gerechnet, das ist neutral, da gibt es keine Diskriminierung. Weit gefehlt. Anlässlich des bundesweiten Digitaltages am 18. Juni 2021 in Berlin hat eine der wenigen bekannten IT-Fachfrauen, Kenza Ait Si Abbou, in einem Interview für die Westdeutsche Allgemeine deutlich gemacht, wo überall Frauen in der KI benachteiligt werden.

Die Managerin für Robotik, zugleich Autorin des Buches „Keine Panik, ist nur Technik“, klagt aber nicht etwa die Männer an, sie wollten Frauen bewusst benachteiligen, was auch nicht richtig wäre. Sie stellt nur ganz nüchtern fest: „Spracherkennungssysteme erkennen weibliche Stimmen nicht so gut wie männliche. Systeme zur Gesichtserkennung erkennen Frauen schlechter als Männer. KI-Systeme, die Kreditwürdigkeit beurteilen, benachteiligen Frauen.“ Ait Si Abbou, einer in Berlin lebenden gebürtigen Marokkanerin, geht es nicht ums Beklagen oder gar Anklagen. Das wäre auch Unsinn, da jede KI nur so gut sein kann wie die Daten, mit denen sie trainiert wurde, und die sind nun einmal oft männlich geprägt. Vielmehr ermuntert sie Mädchen, sich für das spannende Fach IT zu interessieren.

Durch die KI, auch das macht sie deutlich, werden auch keineswegs nur Frauen unbeabsichtigt, aber faktisch benachteiligt. Die US-Justiz etwa nutze KI-Systeme, um Prognosen über die Rückfallgefahr von Gefangenen nach deren Entlassung zu erstellen – mit dem Ergebnis, dass Schwarze und Latinos regelmäßig länger im Gefängnis bleiben müssen als Weiße.

Dummy, der

Wahrscheinlich haben nicht wenige von Ihnen spätestens während der Corona-Lockdowns Erfahrungen mit Videokonferenzen gemacht. Vielleicht ist Ihnen da auch schon aufgefallen, wie schlecht Frauenstimmen bei Zoom und Microsoft Teams klingen. Nun ja, werden Sie womöglich sagen, so ist das eben; Frauenstimmen kommen ja auch in echten Konferenz-Situationen oft weniger gut rüber; da müsste man sie schon ganz bewusst technisch unterstützen. Die Sache mit der Kreditwürdigkeit stört Sie wahrscheinlich schon eher.

Was Sie aber garantiert stört, wenn Sie es hören, ist, dass Sie als Frau im Auto weniger sicher sind als die Männer, weil die Automobilhersteller ihre Crash-Tests stets mit Männerdummys machen. Die Sicherheitseinrichtungen sind denn auch für den durchschnittlichen männlichen Körper konzipiert. Und auch dies ist keinesfalls böse Absicht von irgendjemanden, sondern die simple Folge der Zahlenverhältnisse in den Unternehmen der Branche. „Von den rund 800.000 Stellen in der deutschen Autoindustrie sind nur knapp 18 Prozent mit Frauen besetzt", schreibt die F.A.Z. am 19. Mai 2021 in einem Beitrag über das Auto und die Frauen.

It's a Man's Man's Man's World

Kennen Sie das Lied von James Brown, geschrieben von ihm und Betty Jean Newsome? Die erste Strophe beginnt: „You see man made the cars." Erst dann kommen „the train" und „the electric light". Das war 1966. Inzwischen ist die Autobranche nicht mehr das Traumziel aller jungen Männer. Platz also für Frauen.

Doch dazu müssen die Nachrückerinnen, wenn sie nicht wie so oft in den typischen Frauenberufen Personal und Kommunikation landen wollen, vorzugsweise Maschinenbau oder IT studieren, was inzwischen auch schon deutlich mehr junge Frauen tun. Konnte man die weiblichen Studenten in den TU-Hörsälen noch vor einem Vierteljahrhundert an den Fingern einer Hand abzählen, stellen sie inzwischen mit um die 15 Prozent einen doch sichtbaren Anteil an der Studentenschaft.

Audianer_innen, helft!

Und die Chancen für Aufstieg stehen offensichtlich nicht schlecht. Die Autoindustrie sei mitten in einem „Transformationsprozess aus Elektromobilität, autonomem Fahren und neuen Geschäftsmodellen“ wird im erwähnten F.A.Z.-Beitrag eine Audi-Mitarbeiterin zitiert und: „Im Grunde sei die Gelegenheit nie günstiger gewesen für Frauen in der Autoindustrie, weil neue Blickwinkel selten so hoch im Kurs standen.“

Vielleicht führt der weibliche Blick auf das Auto dann ja vielleicht beim demonstrativ gendernden Arbeitgeber Audi mit seinen 15,2 Prozent Frauen unter den „Audianer_innen“ zu der einen oder anderen Entwicklung, die Frauen sich schon lange gewünscht haben und die auch Männern nicht schaden könnte. Etwa zu einer Vorrichtung für einen Regenschirm, der sich auf Knopfdruck automatisch öffnet, während man das Auto verlässt, den man dann, geschützt ausgestiegen, einfach abklicken und mitnehmen kann, um ihn nach der Rückkehr genauso einfach wieder in seiner tropfsicheren Hülle verschwinden zu lassen. Wer Cabriodächer bauen kann, die sich auf Knopfdruck öffnen und schließen, sollte wohl auch so etwas konstruieren können. Man (generisches Maskulinum) müsste es nur wollen.

Wahre Bedürfnisse

„Ob mich einer Frau Professor nennt oder Frau Professorin, ist mir piep-egal", sagt mir eine befreundete Hochschullehrerin; „Hauptsache, mein Lehrstuhl ist angemessen ausgestattet." Taffe Frauen, quer durch alle Schichten, denken gern pragmatisch.

Das trifft auch auf eine andere Freundin zu, eine erfolgreiche Modehändlerin, die neben ihren vorhandenen Geschäften für Damenoberbekleidung auch ein Wäschegeschäft aufgemacht hat. Es läuft sehr gut, auch weil ihre zahlungskräftige weibliche Kundschaft in so sensiblen Fragen wie der passenden Körbchengröße für den BH von einfühlsamen Verkäuferinnen bedient wird.

Die Freundin brauchte denn auch bald Verstärkung für das Team des Wäscheladens. Sie gehört zu den Unternehmerinnen, die ganz bewusst auf Online-Handel verzichten, weil sie es angesichts einer in diesem Geschäft üblichen Remissionsquote von über 60 Prozent ihrer anspruchsvollen Kundschaft nicht zumuten mag, womöglich an ein remittiertes Kleidungsstück zu geraten. Auch bei der Mitarbeitersuche setzt sie ganz klassisch auf Anzeigen in der Tageszeitung, weil sie unter deren Abonnenten ein gewisses Niveau voraussetzen kann.

Geh mir nicht an die Wäsche

Die Geschichte von ihrem Anruf in der Anzeigenabteilung der Tageszeitung zeigt, zu welchen weltfremden Vorschriften die Genderaktivitäten bereits geführt haben. „Wie soll denn das Stichwort lauten?" will die freundliche Mitarbeiterin der Anzeigenzentrale wissen. Antwort: „Wäscheverkäuferin gesucht." Also gut, wiederholt die Verlagsfrau: „Wäscheverkäufer*in (m/w/d)". „Nein", sagt meine Freundin, „es soll eine **Frau** sein. Sie sind ja selber Frau und werden verstehen, warum. Es geht hier um Unterwäsche, um Dessous."

„Klar," sagt die Frau in der Anzeigenannahme, „aber so sind nun mal die Vorschriften." – „Das weiß ich", sagt meine Freundin, „das ist ja nicht meine erste Anzeige. Aber meine Kundinnen lesen die Anzeige ja auch; und da sind vielleicht auch ein paar ältere dabei, die das nicht wissen; die halten mich doch für verrückt."– „Ja, es ist verrückt," konzediert die mitfühlende Gesprächspartnerin, „aber so ist es." Natürlich hat meine Freundin kapituliert. Sie will ja nicht auch noch einem jener windigen Abmahnvereine durch einen Verstoß gegen das Diversitätsgebot in Anzeigen etwas zu verdienen geben.

Der Sekretär

Um nicht missverstanden zu werden: Als ich mich selbstständig machte und natürlich auch Unterstützung für mein Büro suchte, überschrieb ich meine Suchanzeige mit „Sekretär/in". Das war **vor** der Genderdiskussion, vor (m/w/d). Und natürlich war mir klar, dass es anders als zu Goethes Zeiten Sekretäre fast nur noch in Form von „Staatssekretären" gibt, hochdotierten Amtschefs in Ministerien und Staatskanzleien, in deren Bezeichnung noch das frühere Ansehen dieser Geheimnisträger durchblitzt.

Was ich gründete, war aber eine Kreativagentur, von der die Öffentlichkeit Unkonventionelles erwarten darf. Die Aufmerksamkeit für die Stellenanzeige war jedenfalls gesichert. Fündig geworden bin ich dann mit einer Sekretärin, denn unter den Bewerbungen war nur eine einzige von einem Mann, und der war ungeeignet. Seitdem ist Sekretär mit Ausnahme von Eckermann auch bei mir wieder der Name für ein Möbelstück.

Die Männerwelt Wiki

Vor einigen Jahren hatte ich Gelegenheit, einen Vortrag des Wikipedia-Gründers Jimmy Wales zu hören. Es interessierte mich sehr, wie es der Online-Enzyklopädie gelingen konnte, dem früher in allen bildungsbürgerlichen Haushalten stehenden Brockhaus binnen kürzester Zeit den Garaus zu machen.

Wir alle wissen: Inzwischen gibt es so gut wie nichts, das man auf Wikipedia nicht und natürlich viel schneller als in jedem gedruckten Lexikon findet. Anfang 2021 lag die durch Spenden finanzierte Website mit ihren fast 56 Millionen Artikeln in insgesamt 300 Sprachen nach eigener Aussage auf Platz 13 der weltweit meist besuchten Sites; in Deutschland rangiert sie, wie es heißt, sogar auf Platz 7. Doch so sehr, wie ich auch selber den Komfort eines immer verlässlicher werdenden Online-Lexikons zu schätzen wusste, hatte ich von Anfang an das Gefühl, dass Wikipedia eine männliche Schlagseite hat. Die Bestätigung kam von Jimmy Wales. Er machte keinen Hehl daraus, dass die meisten der Autoren und Administratoren bei Wiki Männer sind. Ist das der Grund, warum es bei den Einträgen zu Personen viel mehr Männer als Frauen gibt?

An den Verhältnissen hat sich offensichtlich bis heute nichts geändert. Auf der Collage mit den Administratoren-Fotos auf der Wiki-Website habe ich noch im Juni 2021 nur eine einzige Frau erkannt; die anderen waren alle Männer. Wiki sucht die Geschlechterkluft auch nicht zu verbergen, bringt eine Grafik zum Thema „Wikipedia Gender Inequality Index“ und zitiert eine noch ziemlich junge Aussage aus dem Deutschlandfunk (Lili Iliev vom 5. Oktober 2020): „Wikipedia ist als die größte freie Wissenssammlung der Welt erst mal etwas, was die Gesellschaft abbildet und auch die Wissenswelt abbildet. Und in dieser Wissenswelt werden Frauen systematisch und strukturell benachteiligt. Das heißt, Wikipedia fungiert insofern als Spiegelbild der Welt und ihrer Ungleichgewichte. Dadurch ist es eben so, dass das Wissen der Welt, was uns eben auch in den Schulen vermittelt wird und sich in Wikipedia-Artikeln wiederfindet, eines ist, das von Männern aus Europa und Nordamerika geschrieben wurde und sich jetzt eben in Massenmedien wie Wikipedia auch wiederfindet.“

Unsichtbare Forscherinnen

In diesem Zusammenhang lässt ein Beitrag aus dem Spiegel vom 10. Juli 2021 aufhorchen. Titel: „Unsichtbare Forscherinnen". Demzufolge werden wissenschaftliche Publikationen von Frauen deutlich weniger häufig zitiert als die von Männern. Zwei US-Forscherinnen hätten das anhand von 5.000 Forschungsarbeiten aus der Medizin nachgewiesen.

An der Qualität der Beiträge könne es nicht liegen, so die Analyse der Forscherinnen; die untersuchten Zeitschriften nähmen alle nur erstklassige Beiträge an. Woran liegt es dann? Vermutet wird unter anderem, dass die Frauen sich selbst weniger zitieren. Aber das lässt sich ja ändern – und ganz ohne Gendern.

Ganz übersehen

Viele Patente, kein Eintrag

Angesichts von fast 56 Millionen Wikipedia-Artikeln sollte man meinen, dass große Erfinder allesamt einen Eintrag haben. Was die Männer unter den Erfindern angeht, stimmt das auch. Für die Frauen unter ihnen stimmt es weniger. Dabei gibt es auch große Erfinderinnen.

Die großen Sieben der USA

Ein Artikel von John Greathouse, auf Englisch veröffentlicht am 24. März 2021 auf forbes.com, widmet sich großen amerikanischen Erfinderinnen, deren Namen in den USA kaum jemand und bei uns vermutlich so gut wie niemand jemals gehört hat. Darin erzählt der Autor von sieben Frauen, die zur Zeit ihrer großen Erfindungen noch nicht einmal wahlberechtigt waren, von deren insgesamt 218 Innovationen aber stolze 143 patentiert wurden.

Wahrscheinlich, so lernen wir, wüssten wir bis heute nichts über sie, wenn nicht noch im 19. Jahrhundert eine Frauenrechtlerin namens Charlotte Smith beim US-Patentamt eine Liste der Patentinhaberinnen erbeten hätte. Dabei seien die Zahlen aus der Smith-Liste, so vermutet der Autor, wohl deutlich zu niedrig angesetzt, denn die Herren vom Patentamt hätten auf Basis der Patentbeschreibungen gezählt und vor allem solche Erfindungen in die Liste aufgenommen, die etwas mit Innovationen im Haushalt zu tun hatten. Zickzackstich bei der Nähmaschine? Das zählte. Technische Neuerungen für die Industrie? So etwas eher nicht.

How come?

Warum haben die Frauen sich das gefallen lassen, fragt man sich. Die Antwort ist simpel, wie man liest. Da Frauen bis zur Verabschiedung der „Married Women's Property Acts" nicht die Rechte an ihren Erfindungen hatten, war der finanzielle Anreiz für eine Patentanmeldung unter eigenem Namen gering. Da konnte man das Patent auch gleich auf den Ehemann oder Bruder anmelden. Man darf deshalb getrost davon ausgehen, dass allein in den 1800er-Jahren amerikanische Frauen rund 4.000 patentierte Erfindungen gemacht haben, von denen aber nur ein kleiner Teil mit ihren Namen verbunden ist.

Schauen wir doch mal bei Wikipedia nach: Einige der sieben erfolgreichsten US-Erfinderinnen dieser Zeit findet man dort tatsächlich, andere gar nicht, und in dem kurzen Beitrag über eine der Frauen steht im ersten Satz, mit wem sie verheiratet war.

Von Zickzackstich bis Umweltschutz

Da ist Margaret Knight mit 89 Erfindungen, davon 22 patentiert, unter ihnen eine Maschine zur kostengünstigen Herstellung von Papiertüten mit flachem Boden – also das, was wir bis heute aus umweltfreundlichen Geschäften nach Hause tragen. Mit Knights neuartigen Automotoren waren die Hersteller der Zeit allerdings noch überfordert.

Auf Platz 2 der Erfinderinnen-Hitliste des Forbes-Beitrags steht die Unternehmerin Catherine Griswold mit 31 Erfindungen, allesamt patentiert. Ihr Thema war die Kleidung, ihr Motiv: Frauenmode bequemer zu machen, etwa durch elastische Schulterriemen. Es war die große Zeit der Reformkleidung mit ihrer Befreiung von einengenden Korsetts, die bis zur Schädigung innerer Organe führten konnten. Deren Abschaffung hat vermutlich mehr zur Emanzipation der Frauen beigetragen als sämtliche Gendersterne der Welt. Über Griswolds Erfindungen finde ich jedoch auf Wikipedia nichts.

Die Unternehmerin Helen Blanchard erfand nicht nur 28 patentierte Näh- und andere Maschinen, sondern stellte diese auch in ihrer eigenen Firma her. Die Automatisierung des Zickzackstichs, der die reißfeste Herstellung sicherer Nähte sogar in elastischen

Stoffen erlaubte, wichtig vor allem für industrielle Produktionen, war ein Geniestreich. Ganz nebenbei erfand Frau Blanchard auch noch eine chirurgische Nadel und einen Bleistiftanspitzer.

Der soziale Touch

Gleich 23 patentierte Erfindungen verdanken wir der Ärztin Eliza Murfey. Ihr lag daran, Reisen mit der Eisenbahn sicherer zu machen, weshalb sie mehrere Patente für eine verbesserte Schmierung von Waggonlagern, Achsen und Kolben anmeldete, damit diese Teile sich nicht mehr festfraßen.

Eisenbahn-Unfälle hatten in der zweiten Hälfte des 18. Jahrhunderts oft schlimme Folgen, weshalb noch mehrere weitere Erfinderinnen intelligente Lösungen entwickelten. Aber werden Laura Gott, Jane Swisshelm, Harriet Devian und Eleanor McCann bei Wikipedia eines Eintrags gewürdigt? Ich habe nur einen Namen gefunden: Mary Walton. Deren Erfindungen – zur Reduktion der Emission von Schornsteinen und zur Unterdrückung von Eisenbahnlärm – waren bahnbrechend im Umweltschutz.

Ich könnte jetzt auch noch Harriet Tracy mit ihren 17 Erfindungen erwähnen, darunter ein Schwerkraftaufzug, durch den niemand mehr hindurchfallen konnte, Maria Beasley, die die Fassherstellung für Raffinerien optimierte und 1886 ein Patent für einen Dampfgenerator anmeldete, oder Ella Gaillard, der die Chirurgen die ösenlose Nadel verdanken und die Patienten eine geringere Narbenbildung.

Unauffindbar

Vielleicht wollen Sie aber selbst einmal recherchieren, wie unsichtbar diese und andere großartige Frauen im größten Nachschlagewerk der Welt sind. Hier hat sich seit dem Verhalten der Patentbehörden zu Lebzeiten der erwähnten US-Erfinderinnen nicht viel geändert. Das ist wahre Unsichtbarkeit!

Da hilft nur eines: Nicht darüber klagen, sondern etwas unternehmen. Zum Beispiel, indem Mädchen endlich in größerer Zahl anfangen, Beiträge für Wikipedia zu schreiben statt Augenaufschläge bei Instagram zu posten. Erinnern Sie sich an den Rat der KI-Expertin? Mitmischen heißt die Devise, in der Welt sichtbar werden und uns nicht mit Deko aufhalten, weder im geposteten geschönten Äußeren noch in einer geschönten Sprache.

Rosa oder lieber MINT?

Doch es wird schon noch eine Weile dauern, bis die Mädchen sich von ihrer Lilifee-Hypothek und dem Leben in Rosa befreien. Da ist es schon fast rührend, dass diejenigen, die Mädchen für naturwissenschaftlich-technische Fächer begeistern wollen, den Begriff MINT-Fächer geprägt haben. MINT für Mathematik, Informatik, Naturwissenschaften, Technik. Das zarte Türkisgrün „Mint" ist ja auch fast so dezent wie rosa, nur etwas frischer, und wird auch alle Jahre wieder von der Modeindustrie als die „Trendfarbe des Frühjahrs" ausgerufen.

Zickenlatein 2.0
Der sprachsensible Ansatz

Von einem Publikum, das zu einem Buch über das Gendern greift, darf vermutet werden, dass ihm nicht nur gleiche Chancen für Menschen jeglichen Geschlechts am Herzen liegen, sondern auch das Wohl und Wehe unserer Sprache. Lassen Sie uns also darüber nachdenken, wie wir möglichst fair sprechen und schreiben können, ohne das zu beschädigen, was wir liebevoll „Muttersprache" nennen.

Von Bäuerin bis Bäuerchen

Wenn wir uns dieser Muttersprache, ein Wort, aus dem auch der Respekt vor einer bis heute ganz überwiegend von Frauen erbrachten erzieherischen Leistung spricht, mit Sensibilität und Respekt nähern, werden wir schnell feststellen, dass man mit Sternchen ja oder Sternchen nein nicht „geschlechtergerecht" sprechen kann. Die menschliche Sprache folgt nicht den Gesetzen eines Algorithmus. Mit „Copy and Paste" – kopiere * und füge es ein – ist es nicht getan.

Dass Sprache kein Produkt binärer Entscheidungen ist, weil es eben nicht nur ja oder nein gibt, sondern phonetisch wie semantisch unendlich viele Zwischentöne, erklärt auch, dass es bisher nur für eher banale Textsorten einigermaßen alltagstaugliche Spracherkennungsprogramme gibt. Bei anspruchsvollen Übersetzungen scheitert selbst der mächtigste Rechner. Ironie und Poesie sind für die Künstliche Intelligenz Terra incognita.

Schon in vermeintlich nüchternen Texten müssen wir gegebenenfalls vor einer Gruppe von Bauern kapitulieren, die gegen das Preisdumping in der Landwirtschaft protestieren. In einem Zeitungsbericht über eine solche Demonstration können wir ja kaum *Bäuer*innen* auf ihren Treckern sitzen lassen oder in einer Radio-

Meldung von *Bäu*-(Knacklaut)*-innen* sprechen. Wir können doch der deutschen *Bäuerin* ihren *äu*-Umlaut genauso wenig wegnehmen wie uns selbst die Möglichkeit, neben den *Apfelbaum* noch weitere *Bäume* in unseren Garten zu pflanzen oder dem schönen *Traum* von gestern Nacht weitere *Träume* folgen zu lassen. Mit anderen Worten: Schon beim Umlaut, den viele deutsche Nomina im Plural bekommen, sind wir mit den ahnungslosen kleinen Genderzeichen am Ende.

Der *Deutsche Bauernverband,* dessen Mitglieder wissen, wie ein Kälbchen zur Welt kommt, ist, wie ein Blick auf dessen Website offenbart, von akademischen Kopfgeburten wie den Gendersternen aber zum Glück genauso unbeleckt wie das Baby, das nach dem Brei zufrieden sein Bäuerchen macht.

Ja, die Sprache ist ein Wunderwerk! Das Baby nicht nur der Bäuerin macht ein *Bäuerchen*, aber ganz sicher kein *Bäuerlein.* Denn – auch das wissen Muttersprachler: Letzteres kommt nur im Märchen vor, dann meist als *armes Bäuerlein.*

Tischlein, deck dich!

Die Endung *-lein* hat noch aus jedem Maskulinum zuverlässig ein Neutrum gemacht. Das widerfährt aber nicht nur den maskulinen Formen. Aus *der Frau* wird durch ein angehängtes *-lein* genauso *das Fräulein* wie aus *dem Mann das Männlein.* Wenn wir das *Fräulein* vernünftigerweise zu Grabe getragen haben, weil der Begriff sich mit der Vorstellung „unverheiratet“ aufgeladen hatte, dann war bestimmt nicht das arme *-lein* daran schuld, wie feministische Linguistinnen gemeint haben, die darin ein Beispiel für die Herabsetzung der weiblichen Form durch Genuswechsel ins Neutrum sahen. Das *-lein* hat einfach nur seinen Dienst getan als eine Endung, die aus einem Größeren etwas Kleineres, aber längst nicht immer weniger Wertvolles macht: Ein „Tischlein, deck dich!“ ist ja nicht zu verachten.

Stümperhafte Stümmelchen

Wer mit Freude, Liebe und Respekt an die Sprache herangeht, wird den Versuchungen einer dekorativen Sternchen-Kosmetik nicht so schnell erliegen – und verstehen, warum es Menschen gibt, denen Geschlechtergerechtigkeit am Herzen liegt, ohne dass sie bereit wären, zu einem völlig ungeeigneten Instrument für deren Herstellung zu greifen, indem sie ihre Sprache verstümmeln.

Überlegen Sie doch einmal, nein: fühlen Sie, was alles mitschwingt allein in einem Wort wie *verstümmeln!* Da ist der *Stummel*, den es im Sinne von Schwanzstummel schon im Mittelhochdeutschen gab, gesprochen etwa zwischen 1050 und 1350, und der uns heute noch im *Zigarettenstummel* geläufig ist. Die Vorstellung von Kürze teilt der *Stummel* mit dem *Stumpf*, wobei *Stumpf* eine niederdeutsche Auslautvariante von *Stump(en)* sein könnte, der uns wiederum den *Stümper* beschert hat. Ziemlich stümperhaft, weil zerstückelt, sehen jedenfalls Texte aus, liebe*r Leser*in, liebe*r Freund*in der deutschen Sprache, die wir, wie hier zu sehen, durch den Genderfleischwolf gedreht haben.

Beim Stichwort *Stümmelchen* kann ich nicht umhin, über eine kuriose Wahrnehmung einer Linguistin zu berichten. Luise Pusch bezeichnete in ihrem 1990 erschienenen Buch „Alle Menschen werden Schwestern" das Maskulinum als „Schwundform, auch Schrumpf-, reduzierte oder Kümmerform" – im Vergleich zum „schönen langen Femininum". Demnach wäre der *Amtmann* eine Kümmerform, die *Amtmännin* dagegen schön und lang. Und das *Amtmännchen*? Eine schöne lange Kümmerform?

Die armen Deutschlehrer

Was sollen nur die armen Deutschlehrer zu all dem sagen! Einer von ihnen, Tomas Kubelik, Gymnasiallehrer des Geburtsjahrgangs 1976, also noch kein „alter weißer Mann", hat sich dazu schon 2015 in seinem Buch „Genug gegendert" (Format Verlag) deutlich geäußert. Aus dem lesenswerten Buch des Österreichers spricht kein „Rechter", sondern ein Sprachkenner und -liebhaber, und er kommt zu dem vernichtenden Urteil: Gendern nervt.

Aber nicht nur das Gendern ist für Deutschlehrer eine nervige Angelegenheit; auch die Erwartungshaltungen einer insgesamt „inklusiven" Sprache sind es. Typischer Fall: der *Flüchtling*. Das sagt man nicht mehr, tönt es aus den Leitfäden der politischen Korrektheit. Der Bürger denkt, er hört nicht recht, und fragt sich, warum. Mit Männern und Frauen könne es ja kaum zusammenhängen; ein Satz wie „Meine Mutter war Flüchtling" sei doch wohl völlig normal. Ist er auch, weil jeder „normale" Mensch das Wort *Flüchtling* geschlechtsneutral versteht. *Flüchtlinge*, das sind alle, die geflohen sind, so wie *Lehrlinge*, bevor sie durch die bürokratische Wortkrücke *Auszubildende* bzw. *Azubis* ersetzt wurden, alle waren, die in die Lehre gingen.

Geflüchtetenunterkünfte?

Die Flüchtlinge sollen jetzt aber *Geflüchtete* heißen. Eine Silbe mehr – für was? Der wahre Ärger beginnt jedoch bei den Komposita. Selbst heftigste Genderverwender kämen sich wohl eher komisch vor, wenn sie von *Geflüchtetenunterkünften* sprächen. Und so vernimmt man selbst in solchen Kreisen nach wie vor *Flüchtlingswohnheim*.

Aber was antwortet man, wenn ein Deutschlernender irritiert feststellt: „Ihr sagt *Geflüchtete*, aber *Flüchtlingswohnheim*. Leben in Flüchtlingswohnheimen denn Geflüchtete, oder was ist der Unterschied?" Da gibt es dann leider nur eine einzige Erklärung: Die politische Korrektheit nimmt bei uns auf alle Rücksicht, nur nicht auf die Sprachliebhaber.

Die Gender-Society
Auf der Seite der Guten

Eine gut funktionierende Sprache, die als Ergebnis vielfältiger Einflüsse, etwa durch Nachbarsprachen, in Laut- und Erscheinungsbild, Begrifflichkeiten und Struktur schon durch ihre Entstehungsgeschichte divers ist, eine Sprache, deren äußere Form in Ton oder Schrift ganze Vorstellungswelten erzeugt, willkürlichen Eingriffen ausgesetzt zu sehen – das kann weh tun.

Gut gemeint

Die Motivation für solche Eingriffe ist oft ehrenwert: Man will niemanden diskriminieren – Frauen nicht, Diverse nicht, Schwarze nicht, Behinderte nicht, Migranten nicht usw. Weil das so ist, werden zum Beispiel in Zeitungsberichten über Straftaten dort, wo es erkennbar nichts zur Sache tut, die Herkunftsländer der Täter nicht genannt. Es soll nicht der Eindruck entstehen, es bestünde da vielleicht ein kausaler Zusammenhang, und dieses Prinzip ist auch absolut korrekt.

Es hat aber auch seine Schattenseiten. Die Angst vor einer nicht beabsichtigten Diskriminierung hat zum Beispiel während der Corona-Pandemie dazu geführt, dass über einen von den Intensivmedizinern schon längere Zeit beobachteten überproportionalen Anteil von Migranten an den Corona-Patienten erst sehr spät offen geredet wurde und deshalb die Aufklärung dieser Bevölkerungsgruppe zum Nachteil dieser und aller Bürger erst spät startete.

Ross und Reiter

Es gibt ein Bedürfnis, Dinge klar zu bezeichnen, *Ross und Reiter* zu nennen, wie es heißt. Das ist nicht neu, wie die aus dem Mittelalter stammende Redewendung zeigt. Dem *Ross* ist im allgemeinen Sprachgebrauch zwar längst das *Pferd* davongaloppiert; es kommt heute fast nur noch in Komposita wie *Rosskur* vor. Aber die Wendung *Ross und Reiter* lebt, weil sie so genial einfach und mit eleganter Alliteration zum Ausdruck bringt, dass wir hinter der Rüstung den Kämpfer erkennen wollen; wir wollen wissen, was er *im Schilde führt.*

Vor diesem Hintergrund kann man sich über den missionarischen Eifer jener Tagesschau-Journalisten nur wundern, die eine in der Sendung gefallene Äußerung über die Terrororganisation Hamas in der Mediathek so korrigieren mussten: „In einer früheren Version dieses Textes war von Kommandeurinnen und Kommandeuren die Rede. Bei der Hamas gibt es jedoch keine Kommandeurinnen. Dies wurde redaktionell hineinredigiert. Wir bitten den Fehler zu entschuldigen."

Der missionarische Eifer

Stefan Aust, in dessen Zeit als Spiegel-Chefredakteur (1994 bis 2008) das Magazin hohe Auflagen erreichte, scheint recht zu haben, wenn er beobachtet, dass heute vermehrt Leute Journalisten werden, die sich als politische Aktivisten sehen.

Das war einmal anders. Ein großer Medienmann, nach dem auch ein angesehener Journalistenpreis benannt ist, Hanns Joachim Friedrichs, erzählte dem Spiegel 1995 in seinem letzten Interview vor seinem Tod, worauf es im Journalismus ankommt: „Distanz halten, sich nicht gemein machen mit einer Sache, auch nicht mit einer guten, nicht in eine öffentliche Betroffenheit versinken, im Umgang mit Katastrophen cool bleiben, ohne kalt zu sein." Das waren für Hajo Friedrichs die journalistischen Tugenden. Es wird interessant sein zu hören, ob bei der Vergabe des nächsten Hanns-Joachim-Friedrichs-Preises in den Laudationes gegendert wird.

„Zeichen setzen"

So wie die Turniergäste im Mittelalter wissen wollten, wer sich hinter den Schutzschilden der Kämpfer verbirgt, wollen auch wir heute erfahren, wer da eigentlich für was kämpft, wenn er oder sie gendert oder andere Marker einer „inklusiven Sprache" einsetzt, und warum das geschieht.

In einer Zeit, in der viele Rechtschreibung und Zeichensetzung nicht mehr beherrschen, ist es in Mode gekommen, im übertragenen Sinne „Zeichen zu setzen". Es vergeht keine Woche, in der nicht irgendwo irgendeine Gruppe ein Zeichen setzt. Zeichen setzen für, Zeichen setzen gegen, und dann geht man nach Hause und fühlt sich gut, wenn die Medien berichten, dass man ein Zeichen gesetzt hat.

Nun kann man nicht jeden Tag auf die Straße gehen. Darum nutzen die Zeichensetzer zum Zeichensetzen auch die „inklusive" Sprache. Mit deren Hilfe outet man sich als Mensch, der auf der Seite der Anständigen steht. Ob der dann auch den Anstand hat, dem Bettler an der Ecke etwas in den Hut zu werfen oder in der Straßenbahn der alten Dame seinen Platz anzubieten, ist eine ganz andere Frage.

Ungeschminkt

Was aber machen Menschen, die sich nicht demonstrativ outen wollen? Die aber ihrer geliebten Sprache keine Gewalt antun wollen, vor allem, wenn sie ohnehin daran zweifeln, dass mit Sprachkosmetik in der Sache irgendetwas gewonnen ist? Und was machen „anständige", keinesfalls homophobe Menschen, die eine Abneigung gegen die missverständlichen Genderformen und sperrige Wortbildungen wie LGBTQI+ haben, weil sie so etwas weder verstehen noch aussprechen können? Darf man sich wundern, dass sie sich von akademischen Zirkeln diskriminiert fühlen?

Hier spätestens wird die Sache ernst. Denn hier haben die wirklichen Feinde der Gleichberechtigung leichtes Spiel, sich allzu verständliche Aversionen für ihre sexistischen, rassistischen, homophoben und dann häufig auch nationalistischen Ziele zunutze zu machen. Diese Rattenfänger haben es dann leicht, alle Versuche, sich einer fairen Sprache zu bedienen, gegenüber allen Menschen, gleich welchen Geschlechts, welcher Herkunft oder Hautfarbe, als unsinnig zu erklären. Wenn die Inklusivsprech-Aktivisten das erreichen, haben sie der Sache einen Bärendienst erwiesen.

Die Warnungen hören

Die Gefahr sehe ich zum Glück nicht allein. Viele allseits respektierte Demokraten haben sich in diesem Sinne geäußert, und keineswegs nur „Konservative". Wolfgang Thierse, Peer Steinbrück und Sahra Wagenknecht sind sich in diesem Punkt völlig einig.

Der prominenteste Warner dürfte unser früherer Bundespräsident Joachim Gauck sein, den Gabor Steingart in seinem Morning Briefing vom 1. Juli 2021 folgendermaßen zitiert: „Ein Land braucht politische Korrektheit, aber nicht als Knüppel."

Ganz deutlich wird Peer Steinbrück, der uns als Minister an der Seite von Angela Merkel durch die Finanzkrise geführt hat. In seinem Buch „Das Elend der Sozialdemokratie" schreibt der SPD-Politiker: „Dass die Vertreter von Minderheits- und Gleichstellungsinteressen in vielen Fällen eine rigide, geradezu beklemmende Sprachregelung entwickelt haben, die völlig ironiefrei ist und deren Nichtbefolgung zu einem Bannstrahl führen kann, schafft … Distanz."

Der Moralfuror

Wir Deutschen neigen offenbar dazu, beim Moralisieren zu übertreiben. Ein italienischer Freund erzählt gern die Geschichte von einer jungen Deutschen, die in Italien ein Fußballspiel besuchen wollte. Die Frau hatte kein passendes Geld parat, worauf der Mann an der Kasse etwas Charmantes sagte wie: „Kommen Sie, Signorina, nessun problema. Wir sind doch glücklich, wenn eine so schöne junge Frau unser Fußballspiel ansieht. Sie sind eingeladen, Signorina!"

Die junge Deutsche habe das abgelehnt. Erstens erschien es ihr ungerecht und zweitens sexistisch. Worauf der Mann an der Kasse nur die Schultern zuckte und sich dachte: Nun ja, je schlechter das Wetter, desto größer der Moralfuror.

Die Rolle rückwärts

Inzwischen ist die Entwicklung nicht mehr zum Lachen. Schon hat der Furor sogar die Kreativszene erreicht. Was lange als Hort der künstlerischen Freiheit galt, unsere Bühnen, wird mancherorts bereits Säuberungsaktionen unterzogen. Da soll ein weißer Sänger den Othello nicht mehr singen dürfen, weil das „Blackfacing" wäre, und eine schwule Rolle soll nur noch von einem Schwulen gespielt werden. Dabei ist es doch gerade die Kunst der Bühnenmenschen, sich in andere überzeugend und anrührend hineinzuversetzen.

Als Kinder in Deutschland noch auf Konfessionsschulen gingen, haben liberalere Menschen über die „katholische Rolle vorwärts" im Sportunterricht gelacht. Und jetzt? Machen viele die Rolle rückwärts in unaufgeklärte, freud- und phantasielose Zeiten.

Kleines Schmankerl
Die Schwedenbombe

Als Kinder haben wir gern Negerküsse gegessen. Über deren Bezeichnung haben wir nicht nachgedacht, genauso wenig wie unsere Eltern, die sich beim Wirt an der Ecke ein Zigeunerschnitzel bestellten. Einige von uns essen solche Sachen immer noch gern, aber sie nennen sie nicht mehr so.

Die Aufgeklärteren haben verstanden, dass Diskriminierung eine Frage der Perspektive ist; es kommt eben nicht nur darauf an, ob der Sprecher sich nichts dabei denkt. Die anderen fürchten sich davor, für rassistisch gehalten zu werden, auch wenn einige vertraute Wörter für sie immer noch positiv besetzt sind und sie vielleicht immer noch von jener Schlagersängerin mit der rauchigen Stimme schwärmen, die sich in einem Lied namens „Zigeunerjunge" nach dem Namensgeber geradezu verzehrte.

Wir sind gewarnt. Dass selbst ein so beliebter Mensch wie Thomas Gottschalk, einer, den sogar der sprachverliebte Marcel Reich-Ranicki als Gesprächspartner schätzte, nach einer albernen Talkshow in der Luft zerrissen wurde, weil er sich nicht demonstrativ von allen Begriffen distanzierte, die irgendjemand für diskriminierend halten könnte – das war uns eine Lehre. Und den WDR-Intendanten spricht man auf den Shitstorm wegen der aktualisierten Form des frechen Kinderliedes „Unsere Oma fährt im Hühnerstall Motorrad" bis heute besser nicht an.

Der Schokokuss

Als ich einem Wiener Freund erzähle, dass ich an einem Buch über „inklusive" Sprache arbeite, kommen wir auch auf den *Negerkuss* zu sprechen, der hierzulande bei aller Süßigkeit schon vielen sauer aufgestoßen ist. Da der Freund jahrelang in Deutschland gelebt hat, kennt er den Begriff natürlich, macht mich aber darauf aufmerksam, dass dieser *Schaumkuss* oder *Schokokuss*, wie er bei uns und in der deutschsprachigen Schweiz inzwischen bezeichnet wird, in Österreich niemals so geheißen hat. Dort nennen ihn alle „Schwedenbombe", immer schon und auch heute noch. Bekanntheitsgrad über 90 Prozent, „mehr als unser Bundespräsident", wie der Freund auf Wienerisch hinzufügt.

Schwedenbombe? Da kann sogar ich ein Störgefühl nicht verleugnen. Und ich wusste genau, was der Wiener Freund als Nächstes sagen würde: Das ist mal wieder euer teutonischer Moralfuror. Ob er denn wisse, woher der Name komme, frage ich. Antwort: Nein, er wisse nur, und das wisse jeder in Österreich, dass die Schwedenbombe von einer traditionsreichen Wiener Konditorei namens Niemetz hergestellt werde, was sich aber Njemetz spreche, so wie die Bezeichnung für Deutsch in den slawischen Sprachen.

Wo die gemeinsame Sprache trennt

Ein Blick auf die Website des herstellenden Unternehmens war dann die wunderbarste Bestätigung eines Spruches, der gern Karl Kraus zugeschrieben wird, der aber erst 1957 von dem Kabarettisten Karl Farkas geprägt worden ist: „Was Deutschland und Österreich trennt, ist die gemeinsame Sprache." Dort lesen wir nämlich unter der Überschrift „SCHWEDENBOMBE" – Schaumküsse mit feinster Schokoglasur":

„Die Schwedenbomben werden seit 1926 unter Aufsicht unserer KonditormeisterInnen nach Originalrezept auf höchstem Qualitätsniveau hergestellt. Dank der Liebe unserer MitarbeiterInnen zu jedem einzelnen Schaumkuss wird jeder für sich zu einem kleinen Kunstwerk – mit demselben unverwechselbar feinen Geschmack, der schon seit Jahrzehnten anspruchsvolle Naschkatzen begeistert. Ein Gaumenkitzel, der sich mit seiner bis heute unveränderten Rezeptur und langen Geschichte nahtlos in die Reihe köstlicher österreichischer Traditionssüßspeisen einfügt."

Na, bitteschön, das Binnen-I ist gleich zweimal da; aber sie denken ja nicht dran, eine Traditionssüßspeise umzubenennen. Wenn das unsere traditionsreichen Mohren-Apotheken wüssten! Und die Berliner, die ihre Mohrenstraße umbenennen wollen! Ist ihnen eigentlich bewusst, dass *Mohr* von lateinisch *maurus*, Einwohner von Mauretanien, kommt? Und wie gut es der Kammermohr bei den Essener Fürstäbtissinnen hatte?

Der schwedische Freund

Ein wenig Recherche hilft immer. So auch bei der Antwort auf die Frage, warum die österreichische Süßspeise denn ausgerechnet Schwedenbombe heißt. Ganz einfach: Der Niemetz-Gründer hatte einen schwedischen Freund, bei dessen Besuch in Wien die beiden die Idee mit dem Schaumkuss ausheckten. Und deshalb habe der Konditormeister den Gaumenkitzel seinem Freund zu Ehren *Schwedenbombe* genannt. Der durchschlagende Erfolg hat ihm dann ja auch recht gegeben.

Ja, die schönsten Geschichten schreibt das Leben, und dann kommen Leute, die die Geschichten hinter den Namen ohne Not kaputtmachen, wie bei den Mohren-Apotheken. Was in solchen Fällen dem *Blackfacing* zum Opfer fällt, ist die Sprachgeschichte: Sie versinkt im Dunkel.

Sexus vor Genus

Keine gute Idee, Grimm!

Was meinen Sie: Wie kommen Menschen auf die Idee, die katholische Kirche als *Arbeitgeberin* zu bezeichnen? Eine Institution hat doch kein biologisches Geschlecht, und wenn diese spezielle eines hätte, wäre es angesichts von weltweit rund 5.000 ausschließlich männlichen Bischöfen und 400.000 ausschließlich männlichen Priestern wohl eher nicht feminin.

Ob eine Institution *der*, *die* oder *das* ist oder ob dort oder in einem Unternehmen mehr Männer arbeiten (wie in *der* Kirche – ohne die Orden) oder mehr Frauen (wie in *dem* Kindergarten), ist aber völlig irrelevant. Die Kirche, der Kindergarten, die Stadt, die Bank – sie alle sind keine Lebewesen und deshalb auch nicht *Arbeitgeberin*, *Bauherrin* oder was auch immer. Bei konsequenter Fortführung dieser Denke müsste man den Lippenstift zur Lippenstift*in, den Still-BH zur Still-BH und den Tampon zur Tamponette machen, weil diese Dinge überwiegend oder gar ausschließlich von Frauen benutzt werden. Woher kommt dann die absurde Neigung, eine Stadt zur *Bauherrin* für ein Schwimmbad und eine Universität zur *Gastgeberin* für einen Wissenschaftskongress zu machen?

„Schuld" ist ein Mann

Jacob Grimm, geboren 1785 in Hanau und gestorben 1863 in Berlin, Jurist, Sprach- und Literaturwissenschaftler, hat sich ohne Zweifel große Verdienste um die deutsche Sprache und Literatur erworben, und das keinesfalls nur wegen der berühmten Märchensammlung, die er zusammen mit seinem Bruder Wilhelm schuf. Wer kennt nicht Schneewittchen und Rotkäppchen, den Froschkönig, Rumpelstilzchen, Frau Holle, Aschenputtel und Dornröschen! Seit 1812 gehören „Grimms Märchen" zum Kanon der deutschen Populärliteratur; die „Brüder Grimm" kennt fast jeder.

Den Märchenfreunden meist nicht bekannt ist die herausragende Bedeutung der Brüder und speziell Jacob Grimms für die deutsche Philologie. Mit seinem Lautgesetz für die germanischen Sprachen von 1822 etwa, das bis heute Germanistik-Studenten als „Erste Lautverschiebung" und der Fachwelt als *Grimm's Law* bekannt ist, leistete Jacob Grimm Pionierarbeit.

Vor allem mit dem Deutschen Wörterbuch, an dem die Philologenbrüder von 1838 an arbeiteten, haben die Grimms sich einen Platz im Pantheon der Deutschen Sprache gesichert: Als es 1961 bis auf einen 1971 noch folgenden Quellenband vorläufig abgeschlossen war, war es das umfassendste Wörterbuch der deutschen Sprache seit dem 16. Jahrhundert.

Der Unglücksmix

Mit der Vermengung des Merkmals Genus als grammatischer Kategorie mit dem Merkmal Sexus als biologischer durch die Übernahme der unglücklichen Bezeichnung „Geschlecht" aber hat Bruder Jacob uns keinen Gefallen getan und völlig ungewollt nicht wenig zur Genderdebatte unserer Tage beigetragen. Die Vorstellung, das biologische Geschlecht gehe dem grammatischen voraus, hat – wie die Linguistin Elisabeth Leiss schon 1998 analysiert hat – zu einer „Sexualisierung der Grammatik" geführt.

In einer Sprache, in der jedes Anhängen der Endung *-er* an einen Wortstamm aus dem betreffenden Wort ein Maskulinum macht *(nehmen/der Nehmer, wählen/der Wähler, kaufen/der Käufer)* und jedes *-ung* aus einem Maskulinum automatisch ein Femininum *(nennen/die Nennung, ernähren/die Ernährung, schalten/die Schaltung)*, um nur zwei im Deutschen besonders produktive Genus-Veränderer zu nennen, ist diese Vorstellung in der Tat ziemlich bizarr – jedenfalls weit weg von der Aufklärung und von Schillers revolutionärem, begeisterten Ausruf: „Alle Menschen werden

Brüder!", der so nur funktionieren konnte, weil *Brüder* eben **alle** Menschen meint.

Der Verlust des Menschen

Die unheilvolle Vokabel „Geschlecht" für eine Kategorie der Grammatik hat uns so manchen Ärger eingebrockt und schließlich zu einer früher in der Sprachwissenschaft unbekannten oder zumindest nicht mit einem Namen versehenen dritten Kategorie „Gender" geführt. Hier geht es weder um das biologische Geschlecht (Sexus) noch um das grammatische (Genus), sondern um das soziale, ein von der Sprachgemeinschaft gefühltes Geschlecht, in das natürlich die realen Erfahrungen einfließen, weshalb man mit dem Wort *Terrorist* eher einen Mann verbindet, obwohl es auch Frauen gibt, die gefährliche Anschläge verüben. Die *Gender-Studies*, die seit gut 20 Jahren von sich reden machen, sind denn auch eher soziologische Untersuchungen.

In einer der Studien werden Probanden zum Beispiel gebeten, die Wahrscheinlichkeit der Fortsetzung eines bestimmten Satzes abzuschätzen. Wenn sie dann bei einem Satz über *Kosmetiker* annehmen, es handele sich um Männer, obwohl ihre Erfahrung sie doch lehrt, dass Kosmetiker meistens Frauen sind, wird gefolgert, das liege am grammatischen Geschlecht: Es präge die Vorstellung eben stärker als das biologische. Dass niemand aus heiterem Himmel eine Aussage über männliche Kosmetiker machen würde, ohne darauf hinzuweisen, dass es sich hier ausnahmsweise um Männer handelt, wird dabei ignoriert.

Gender-Studies
Ich muss mal zum Arzt

Es ist kaum zu bestreiten, dass sich die patriarchalische Geschlechterordnung, die über viele Jahrhunderte in unseren Breiten geherrscht hat, in den Begrifflichkeiten unserer Sprache spiegelt. Wir sagen: „Ich muss mal zum Arzt" – unabhängig davon, ob der aufgesuchte „Arzt" vielleicht eine Frau ist.

Sogar bei bekanntermaßen überwiegend von Frauen ausgeübten Berufen verwenden wir durchgehend das generische Maskulinum und sagen zum Beispiel: „Du solltest wirklich mal zum Frisör!" Eine Äußerung wie „Vielleicht solltest du mit diesem Problem mal zu einem/einer Psychotherapeut*in" würde eher den Verdacht aufkommen lassen, der Sprecher habe selbst ein Problem.

Der Zwiespalt

Sprachsensible Menschen fühlen aber, was in der Gesellschaft vor sich geht, und verschließen weder die Augen noch gar die Ohren davor, dass mit einer Formulierung wie „zum Psychotherapeuten gehen" bei manchen, deren Seh- und Hörgewohnheiten sich nicht zuletzt unter dem Einfluss der Genderkampagne bereits verändert haben, der Eindruck entstehen könnte, es seien nur Männer gemeint, und sagen dann lieber so etwas wie: „Vielleicht solltest du mal über eine psychotherapeutische Behandlung nachdenken." Das wäre das, was ich Fairsprechen für Fortgeschrittene nenne.

Natürlich kann man auf der Position beharren, Genus habe nach den geltenden Grammatikregeln nichts mit dem biologischen Geschlecht, dem Sexus, zu tun, und das Maskulinum in seiner Verwendung als Oberbegriff, das „generische" Maskulinum also, bezeichne Männer genauso wie Frauen. Das stimmt zweifellos, und es gilt übrigens genauso für männliche und weibliche

Tiere: *Der Elefant* kann auch eine Elefantenkuh sein; aber *Elefantenkuh* würde man nur sagen, wenn man in einem gegebenen Kontext das Geschlecht des Tieres betonen will. Auf dieser Schiene kommen wir angesichts der inzwischen verhärteten Fronten zwischen Genderaktivist*innen auf der einen Seite und Sprachbewahrern auf der anderen Seite aber nicht weiter.

Eine für alle!

Eines bleibt aber hoffentlich für alle, egal wie groß ihr Bestreben sein mag, Frauen, Diverse und wen auch immer „sichtbarer" zu machen, unbestritten: Wir können nicht auf eine leicht zu handhabende Form verzichten, die alle Menschen bezeichnet, unabhängig von Einzeleigenschaften wie dem biologischen Geschlecht.

Und da uns, wie die zahlreichen Beispiele in diesem Buch zeigen, mit Sternchen und Ähnlichem in geschriebenen und mit dem Glottisschlag in gesprochenen Texten nur Ungelenkes und oft sogar Irreführendes angeboten wird, können wir mangels praktikabler Alternativen auf das generische Maskulinum nicht grundsätzlich und systematisch verzichten.

Training statt Krücken

Wir sind aber nicht gehindert, die uns angebotenen, untauglichen Krücken zur Behebung des Problems zu meiden und stattdessen unsere Sprache einem Fitnesstraining der intelligenteren Art zu unterziehen. Das ist wie nach einem Fahrradunfall mit Beinbruch. Am Anfang greift man zu den Krücken; aber nach ausreichendem Muskeltraining kann man die „Gehhilfen" wieder zurückgeben. Emanzipieren wir uns also durch eine Mischung aus Sensibilität, Kreativität und Pragmatik von den bürokratischen Gender-Sprechvorgaben! Das erstrebenswerte Ziel ist ein bedachter, rücksichtsvoller Sprachgebrauch auch ohne das empfohlene Kauderwelsch und ohne Opferung wertvoller Bedeutungsunterschiede.

Im Namen der Kunst

Um beim Beispiel Arzt zu bleiben: Wenn ich in einem „Leitfaden für die Anwendung gendersensibler Sprache“, herausgegeben von der „Gleichstellungsarbeit“ einer sehr renommierten Universität ausgerechnet der Künste, in der Kategorie „Adjektivische Bestimmungen“ lese, es empfehle sich, die Wendung *Rat des Arztes* durch *ärztlichen Rat* zu ersetzen, kann ich nur sagen: Ein Rat ist genauso wenig *ärztlich* wie ein Elternhaus *elterlich* und ein Auto *väterlich*, bloß weil es dem Vater gehört. Wenn sie an dieser ansonsten wunderbaren Universität, die schon viele große Künstler hervorgebracht hat, so mit der Musik umgehen wie sie glauben, mit dem Kunstwerk Sprache umgehen zu können, dann: „Guten Abend, gut Nacht, mit Sternlein bedacht!“

„Mutige Studenten“ gesucht

Das heißt nun nicht, man möge sich den „Verein Deutsche Sprache“ zum Vorbild nehmen, der 2019 an der Uni Greifswald in einem Flugblatt „mutige Studenten“ suchte, die bereit wären, „vor Gericht gegen rechtswidrige sprachpolizeiliche Genderregeln“ ihrer Universitäten vorzugehen.

Auch wenn die Mitglieder dieses Vereins das sicher nicht beabsichtigen, stärken Vokabeln wie „Sprachpolizei“ nur diejenigen in der AfD und anderswo, die im Deutschen Bundestag mit ihrem Antrag, Deutsch als Landessprache ins Grundgesetz aufzunehmen, aus gutem Grund an den Gegenstimmen sämtlicher anderer Fraktionen gescheitert sind. Denn das hat eine lebendige Sprache nun wirklich nicht nötig. Sie lebt nicht dadurch, dass sie ihren Nutzern gesetzlich verordnet wird, sondern dadurch, dass sie von den Menschen gern genutzt, von vielen geliebt und von manchen sogar mit Hingabe gepflegt wird.

Lebendig und frei

In einem freien Land dürfen alle Sprachen gesprochen werden. Und wer unbedingt gendern will, soll es tun. Wir dürfen lediglich erwarten, dass niemand uns zwingt, es zu tun, und dass alle, die unsere Staatsbürgerschaft haben wollen, unser Grundgesetz respektieren und die Bereitschaft mitbringen, die Sprache des Gastlandes zu erlernen. Aber Letzteres dürfen wir getrost unterstellen; wenn man sich erfolgreich in eine Gesellschaft einfädeln will, ist die Sprache das Nadelöhr. Investieren wir statt in Dolmetscher also lieber in Sprachkurse. Und machen wir es den Lernenden mit ungelenken Hilfskonstruktionen aus Sternchen, Unterstrichen, Glottisschlägen und dergleichen nicht unnötig schwer.

Der Schuss nach hinten

Gendern nervt, manche sogar so sehr, dass sie bereit sind, sich mit juristischen Mitteln zur Wehr zu setzen. Von dem Partner einer Kanzlei für Medienrecht höre ich, sie hätten dort bereits eine Anfrage von einem Mann gehabt, der wissen wollte, ob er wohl Recht bekäme, wenn er die Zahlung seines Rundfunkbeitrags verweigerte mit der Begründung, er könne das Gendern nicht mehr ertragen.

Um es klar zu sagen: Der Mann hätte keine Chance, denn nach geltender Rechtslage kann in Deutschland niemand daran gehindert werden zu gendern. Nach den vorliegenden Umfrageergebnissen zum Thema Beliebtheit des Genderns könnten Medienmacher aber, je nach Publikum, gut auf die Idee kommen, es vielleicht doch besser zu unterlassen.

Es mag ja sein, dass ein Hersteller teurer Autos glaubt, bei seiner Kundschaft mit seinem *Audianer_innen*-Konzept punkten zu können; bei einem Anbieter von Produkten für alle – und jetzt genießen wir mal eine Wendung, die uns eine männlich dominierte Welt geschenkt hat – könnte der Schuss nach hinten losgehen.

Phantomsätze
Im Besprechungsraum

Als der Rat für deutsche Rechtschreibung sich zuletzt im Sommer 2018 mit dem Thema „geschlechtergerechte Schreibung" befasste, konnte er sich nicht dazu entschließen, eine Empfehlung für die Aufnahme des Gendersternchens in das Regelwerk der deutschen Grammatik aufzunehmen.

Kurz zuvor hatten zwei der Befürworter des Genderns, die Sprachwissenschaftler Henning Lobin und Damaris Nübling, noch in einem Gastbeitrag für die Süddeutsche Zeitung für die Idee geworben. Die Argumente der Gegner seien falsch, schrieben sie in dem am 7. Juni 2018 erschienenen Artikel.

Kranke aller Art

Mit der These, Genus sei nicht Sexus, könne schon deshalb etwas nicht stimmen, weil das Genus in bestimmten Fällen das einzige Mittel sei, das natürliche Geschlecht zu bezeichnen. Als Beispiel führen die Autoren substantivierte Adjektive an. Diese würden „allein durch das Genus auf Männer oder Frauen bezogen: *die Kranke* gegenüber *der Kranke*".

Auf die generische Funktion der maskulinen Form auch bei den substantivierten Adjektiven gehen die beiden nicht ein. Was ist denn mit solchen Aussagen wie: „So kann man doch mit einem Kranken nicht umgehen." oder „Ein Kranker kann auch ein eingebildeter Kranker sein." In solchen Formulierungen sind mit dem Maskulinum alle gemeint: Männer, Frauen, Diverse, Kranke aller Art eben.

Wären die Männer immer noch so machohaft unterwegs wie früher, hätten sie vielleicht schon den Spieß umgedreht und gesagt: „Das ist aber gar nicht in Ordnung: Die Frauen haben eine grammatische Form exklusiv, und wir müssen unser Maskulinum immer teilen: Mal bezeichnet es einen echten Kerl, mal auch die Weiber mit. Wo dürfen wir denn einmal nur Mann sein außer bei den wenigen Wörtern, in denen das sowieso immer drinsteckt, wie in *Mann* und *Vater*, *Sohn* und *Bruder*, *Onkel* und *Neffe*. Und dann machen sie uns sogar noch zur *Memme*. Nicht genug, dass wir als Kollektiv *die Mannschaft* sind und *die Bruderschaft*. Die Memme, unglaublich!"

Der Mann, die Memme

So etwas wie oben sagt natürlich kein Mann; da haben sie inzwischen zu viel Respekt. Und wie ein Macho klingen will ohnehin keiner mehr. Außerdem denken die meisten eher pragmatisch und halten sich ungern mit Haarspaltereien auf. Frauen wollen bekanntlich immer gern eine Eins machen, was schon Schüler und Studenten nutzen, um „die Mädels" bei Gruppenarbeiten die lästige Zusammenfassung schreiben zu lassen.

Ich komme auch nur deshalb auf dieses Thema zu sprechen, weil das Beispiel *Memme* in der feministischen Linguistik benutzt worden ist, um zu zeigen, wie gering das Ansehen des Femininum sein müsse, dass man aus dem Mann die Memme macht. Die Herkunft des Wortes *Memme* wird dabei glatt übersehen: *Memme* kommt nämlich von *mamma*, lateinisch für Mutterbrust. „Zu spät abgestillt", pflegten wir als böse Mädchen früher über solche Typen zu sagen.

Sex in Gedanken

Zurück zur Argumentation der beiden Sprachwissenschaftler, die sich, wohl weil das Argument mit den substantivierten Adjektiven nicht so recht überzeugen will, beeilen zu sagen, was „viel wichtiger" sei: nämlich der in der Linguistik angeblich längst erbrachte

Nachweis, „dass das Genus direkte Auswirkungen auf die Vorstellung von Sexus hat, und zwar konkret auf die Wahrnehmung".

Ganz von der Hand weisen kann man das nicht. Sonst würden wir ja nicht dazu neigen, der Biene Maja einen weiblichen Vornamen zu geben, obwohl *die Biene* in ihrer natürlichen Erscheinungsform auch eins von den männlichen Tieren sein kann, deren Aufgabe es ist, die jungen Bienenköniginnen zu begatten, um danach als unnötige Fresser zu sterben.

Grundlage für die Behauptung, das Genus habe direkte Auswirkungen auf die Vorstellung von Sexus, ist bei dieser These „die Erkenntnis, dass Personenbezeichnungen wie *Terrorist, Spion, Physiker, Lehrer, Erzieher, Florist* oder *Kosmetiker* ein sogenanntes soziales Geschlecht aufweisen, das unterschiedlich stark ausgeprägt sein kann. Es leitet sich aus dem realen Geschlechteranteil ab und aus Stereotypen, die man der jeweiligen Personengruppe zuschreibt."

So weit, so gut. Es ist ja nichts weiter als das Ergebnis konkreter Lebenserfahrung. Habe ich noch niemals von einer Terroristin gehört, habe ich beim Stichwort *Terrorist* natürlich Männer vor Augen, und wenn alle mir bekannten Kosmetikstudios von Frauen betrieben werden, denke ich doch, wenn jemand *der Kosmetiker* sagt, es solle betont werden, dass es sich entgegen aller Erwartung in diesem Fall um einen Mann handelt.

Wacklige Basis

Aber die Argumentation geht weiter: „In einem psycholinguistischen Experiment wurde schon vor zehn Jahren herausgefunden, dass bei maskulinen Bezeichnungen für stereotyp männliche (*Spione*), neutrale (*Zuschauer*) und weibliche Tätigkeiten (*Kosmetiker*) von den meisten Menschen angenommen wird, dass es sich dabei um reine Männergruppen handelt. Dies betrifft nicht nur *Spione*, sondern auch geschlechtlich ausgewogene Wörter wie *Zuschauer* sowie mehrheitlich weibliche *Kosmetiker*. In dem Experiment waren Fortsetzungen von Sätzen des Typs ‚Die Spione kamen aus dem Besprechungsraum' zu bewerten. Einer Gruppe von Versuchspersonen wurde die Fortsetzung ‚Offensichtlich war eine der Frauen verärgert' gezeigt, einer anderen ‚Offensichtlich war einer der Männer verärgert'. Die Versuchspersonen sollten durch Drücken auf eine Ja- oder auf eine Nein-Taste entscheiden, ob die Fortsetzung funktioniert; außerdem wurde die Zeit bis zum Tastendruck gemessen. Beide Messungen ergaben, dass die Fortsetzungen mit männlichen Akteuren deutlich spontaner und häufiger akzeptiert wurden als die mit weiblichen, und zwar bei allen Personenbezeichnungen. Das maskuline Genus ist hier also ‚stärker' als das soziale Geschlecht."

Irreal

Und diese dürre Versuchsanordnung soll als Argument dienen für die weitreichende Aussage, die maskuline grammatische Form beeinflusse unsere Wahrnehmung stärker als das soziale Geschlecht, als das also, was wir an Vorstellungen mit einem Begriff verbinden? Wie würde das denn in einer realen Situation laufen? Probieren wir es doch einmal. Angenommen, es sagte tatsächlich jemand ohne Voransage so etwas Merkwürdiges wie: „Die Zuschauer kamen aus dem Besprechungsraum. Offensichtlich war einer der Männer verärgert." Dann käme doch sofort: „Wie, waren denn keine Frauen dabei?"

Die den Probanden im geschilderten Versuch angebotene Fortsetzung des Auftaktsatzes ist schon deshalb absurd, weil es im echten Leben immer so weiterginge: „Einer war offensichtlich verärgert." Wenn dann jemand nachfragte: „Wer denn?", könnte die Antwort ohne Weiteres lauten: „Die Frau aus Münster, die schon beim letzten Mal so ein Theater aufgeführt hat."

Da hilft auch kein Englisch

Ein Verweis der Autoren auf eine parallele Versuchsanordnung mit englischen Probanden soll die These stützen, kann aber schon deshalb nicht überzeugen, weil es im Englischen bekanntlich kein *der, die, das* gibt, sondern nur ein *the,* und es sich obendrein erkennbar um eine soziologische Studie über die Vorstellung von Berufsbildern handelt. Dass ich das nicht allein so sehe, zeigt das folgende Zitat aus einem Beitrag von Wolfgang Krischke in der F.A.Z. vom 18. Juni 2021. Im Rahmen einer Rezension des Buches von Fabian Payr („Von Menschen und Mensch*innen. 20 gute Gründe, mit dem Gendern aufzuhören") schreibt Krischke über die auch von Payr als fragwürdig empfundenen Untersuchungen:

„In Wirklichkeit ist die Beweiskraft dieser Studien in der Sprachwissenschaft stark umstritten. Nicht nur die Repräsentativität der Probanden steht in Frage, sondern auch die Konstruktion der Testsätze. Sie stellen maskuline Formen oft in Kontexte, in denen generische Maskulina typischerweise nicht verwendet werden, so dass eine geschlechtsspezifische Interpretation programmiert ist."

Gender-Bias?

Ich bestreite keinesfalls, dass es so etwas wie ein „Gender-Bias" gibt, also die Neigung, mit bestimmten Bezeichnungen Vorstellungen von Geschlechtern zu verbinden. Eine Psychologieprofessorin an der Boston University, Deborah Belle, hat schon vor Jahren mit den Reaktionen von Probanden auf ein simples Rätsel auf das Ausmaß dieser Neigung aufmerksam gemacht. Das Rätsel, geschildert in BU today vom 14. Januar 2014, das die Probanden auflösen sollten, lautet übersetzt:

„Ein Vater und ein Sohn haben einen schrecklichen Autounfall, bei dem der Vater ums Leben kommt. Der Sohn wird ins Krankenhaus eingeliefert. Gerade als er unter das Messer soll, sagt der Chirurg: ‚Ich kann nicht operieren – dieser Junge ist mein Sohn!'"

Das verblüffende Ergebnis: Sogar junge Leute und Feministinnen kamen mehrheitlich nicht auf die Idee, der Chirurg im Rätsel könne die Mutter des Jungen sein. Eher noch hätten sie angenommen, der Chirurg möchte vielleicht der zweite, schwule Vater des Jungen sein.

Da es im englischen Original in der Rätselfrage *the surgeon* heißt und nicht wie bei uns *der Chirurg*, wirft das aber auch nur ein Licht auf Berufsstereotype und stützt keinesfalls die Behauptung einer Determination von Gender durch das grammatische Geschlecht. Das *the* im Englischen kann jedenfalls nicht schuld sein, wenn die Probanden hinter *the surgeon* keine Frau vermuten.

Nicht neu
Frauenversteher

Seit einigen Jahren schon sprechen Männer über die Benachteiligung von Frauen, auch angeblich durch die Sprache. Zu denen, die sich deshalb für das Gendern stark machen, gehört der Sprachwissenschaftler Anatol Stefanowitsch.

In einem Gespräch mit der Süddeutschen Zeitng vom 22. Februar 2018 mit dem Titel „Generisches Maskulinum: Liebe Leser, das folgende Interview ist auch für Frauen gedacht" erklärt er, warum. „Ich bin ja immer gemeint. Aber woher sollen die Frauen das wissen?", sagt der Linguistik-Professor und verweist auf das Begehren jener 80-jährigen Sparkassenkundin aus dem Saarland, die das zwar weiß, aber nicht akzeptieren will, dass ihre Bank sie unter dem Begriff *Kunden* einschließt. Sie beansprucht, *Kundin* genannt zu werden. Die Klage scheiterte, erst vor dem Bundesgerichtshof (dort in der Sache) und dann vor dem Bundesverfassungsgericht (dort aus formalen Gründen).

„mitgemeint"

Es ist nicht anzunehmen, dass die Gerichtsurteile an des Professors Meinung etwas geändert haben. Im Interview mit der SZ erklärte er die Klage jedenfalls als „berechtigt" und fragte: Warum sollen sich die Frauen nur „mitgemeint" fühlen? Weibliche Begriffe wie *Wählerin* seien ja erst entstanden, als die Frauen mehr Rechte erhielten. Vorher seien wirklich immer nur Männer angesprochen gewesen. Und weiter: „Nicht das generische Maskulin ist 2000 Jahre alt. Sondern das Patriarchat."

Das klingt gut, ist aber nicht das Problem. Sprache hat ja noch immer, wenn auch manchmal mit einem gewissen Zeitverzug, auf wichtige Veränderungen in der Welt reagiert. Wichtig war zum

Beispiel, dass die Frauen sich das Wahlrecht erkämpft hatten, extrem wichtig sogar und längst überfällig. Und natürlich hieß die konkrete einzelne Frau danach auch recht bald *Wählerin*. Dennoch bleibt, wer auch immer in der *Wählerliste* steht, Teil der Gemeinschaft aller Wahlberechtigten. Oder soll die Liste etwa in *Wähler*innenliste* umbenannt werden?

Gleichbehandlung

Das geschilderte Prinzip: erst das Geschehen, dann die Reaktion in der Sprache, gilt ja genauso für Veränderungen, die Männer betreffen. Als die *Hebammen* erstmals in der Geschichte männliche Kollegen bekamen, brauchte man ein Wort für die Herren. Und da der „Hebammerich" doch wegen erkennbar nicht vorhandener typischer Eigenschaften des Wortkerns *Amme* merkwürdig gewesen wäre, gibt es seitdem den *Geburtshelfer*.

Auf die Einlassung des Fragestellers, dass es „im deutschen Wortschatz noch immer rein weiblich besetzte Ausdrücke wie *Schlampe, Nymphomanin, Zicke, Bitch* (sic!), *Schreckschraube* gebe und es doch vielleicht höchste Zeit sei, den gesellschaftlichen Wandel auch sprachlich zu manifestieren, geht der Interviewte ausweichend ein mit dem Hinweis, dass wir uns noch 2005 gefragt hätten, ob man Angela Merkel nicht weiterhin *Kanzler* nennen sollte. „Inzwischen", so wörtlich, „kommt uns der Ausdruck *Kanzlerin* normal vor ... Gerade junge Menschen zeigen weniger Menschenfeindlichkeit und Toleranz gegenüber Diskriminierung, bei den Grünen ist es Pflicht, alle Anträge geschlechtergerecht zu formulieren."

Aufgeklärt

Auch ich kenne niemanden, dem *Kanzlerin Merkel* zumindest von der Funktionsbezeichnung her nicht normal vorkäme. Aber ich bin mir sicher, dass nur wenige bereit wären, eine Gruppe von drei

Bewerbern um das Kanzleramt, zwei Männer und eine Frau, als *Kanzlerkandidat*innen* zu bezeichnen.

Zugegeben, als wir auf unserem Mädchengymnasium Französisch lernten, dachten wir, es sei doch eigentlich komisch, dass im Text über eine Schüleraustauschgruppe, bestehend aus 17 Mädchen und zwei Jungen, immer von *ils* die Rede war, also Personalpronomen Plural maskulin. Aber wir hatten eine kluge Lehrerin, die uns gleich auf drei Dinge aufmerksam machte:

Stört es euch denn auch, meinte sie, dass wir im Plural *sie* sagen, wenn von 17 Jungen und zwei Mädchen die Rede ist und dieses Pronomen identisch ist mit der femininen Form Singular und Plural? Und sprechen nicht auch wir vom *Schüleraustausch*, egal, ob da Jungen oder Mädchen unterwegs sind? Schließlich: Wollen wir uns anmaßen, über andere Sprachen zu urteilen? Nun, das wollten wir nicht.

Hier Schlampe, da Dreckskerl

Noch einmal zurück zu dem SZ-Beitrag. Eine nicht ausweichende Reaktion auf die Empörung des Fragestellers über Begriffe wie *Schlampe* und *Zicke* hätte darüber aufgeklärt, dass es kein weniger reichhaltiges Sortiment an herabsetzenden Bezeichnungen für Männer gibt.

Da sind ja nicht nur die *Memme* und die *Schwuchtel*, sondern auch der *Dreckskerl*, der *Scheißkerl*, der *Schuft* und viele andere, die im Gegensatz zum *Angsthasen* und zur *Heulsuse* ausschließlich auf Männer angewendet werden, ganz zu schweigen von Wendungen des Typs *Haltet den Dieb!*, die meines Wissens noch keine sonst eifrig gendernde Redaktion zu *Haltet den/die Dieb*in* korrigiert hat. Wenn Gender für die Vorstellung von einem Menschen steht, dann ist der *Dieb* ein Mann. Bei negativen Begriffen beklagt komischerweise niemand, dass die Frauen nur „mitgemeint“ sind. Dabei stehlen auch die, wie ein Blick in die Kriminalstatistiken zeigt, mit etwa einem Drittel Anteil munter mit. Spezialität: Ladendiebstahl.

Ziemlich neu
Männerversteherinnen

Wenn ich solche Sprachgeschichten wie „Haltet den Dieb!" Männern erzähle, gucken die mich an „wie ein Auto". So treffend würden sie es im Ruhrgebiet nennen, denn über so etwas haben sie noch nie nachgedacht, und sie finden es auch ziemlich erstaunlich, eine Frau auf diesem Trip zu finden.

Aber wenn sie intelligent sind und gebildet, werden sie doch hellhörig und neugierig. Und dann fängt der eine oder andere an, dem Thema nachzugehen – und dann staune ich, was sie alles zutage fördern. Das ist ein so starker Tobak, dass man glatt von Männerdiskriminierung sprechen möchte.

Oh Mann!

Dass sie die harten Arbeiten machen, die Männer, die gefährlichen, die dreckigen, ob bei der Müllabfuhr oder der Feuerwehr, am Bau oder im Bergbau – das wissen wir. Aber dass sie in den Statistiken mit über 90 Prozent aller tödlichen Unfälle vertreten sind, das wissen wir in der Regel nicht. Das ist für sie insofern bitter, als sie auch in weniger mörderischen Berufen eine kürzere Lebenserwartung haben als die Frauen, aber zumindest in Deutschland nicht weniger lang arbeiten müssen, bevor sie eine von der Gemeinschaft finanzierte Rente erwarten dürfen.

An Arbeit, auch harter Arbeit, führt aber kein Weg vorbei, will der Mann von der Gesellschaft akzeptiert werden. Eine Frau darf sich für ein Leben als Mutter entscheiden; das ist anerkannt und genehmigt. Ein Mann, der nur Vater sein will, wird von vielen noch immer nicht ganz ernst genommen.

Karrierist und Powerfrau

Stürzt ein Mann sich dann in die Karriere, um Geld für die Familie zu verdienen, weil seine Partnerin für das Muttermodell optiert hat, muss er sich schelten lassen, er vernachlässige die Familie. Denkt sie aber um, ist erfolgreich im Beruf und engagiert für zu Hause lieber Personal, ist sie die Powerfrau, Unterton: „Wow!“

Nun entscheidet sich ein Paar aber für das „klassische“ Modell: Er bringt das Geld nach Hause und sie kümmert sich um den Hausstand. Da will er nun im Interesse der Familie einen sicheren Job und strebt eine Beamtenkarriere an. Doch mit der Klassik kann es da schnell vorbei sein, wenn er feststellen muss, dass ihm bei gleicher Qualifikation eine Frau vorgezogen wird, wegen der „Gleichstellung“. Strebt er gar eine Professur an einer Uni an, muss er unbedingt damit rechnen, dass die Berufungskommission auf Platz 1 der Dreierliste die einzige Frau aus dem Bewerberfeld setzen wird.

Vom Kinderbonus

Mit seiner Rolle als Vater kann der Mann weder bei Universitäten und anderen öffentlichen Institutionen noch in der Wirtschaft punkten. Die alleinerziehende Mutter ist immer für Wohlwollen gut, der alleinerziehende Vater nicht unbedingt.

Endet die Partnerschaft vor Gericht, kann der Mann zudem Pech haben und an einen Richter geraten, der Kinder besser bei Müttern aufgehoben sieht, und froh sein, wenn er faire Chancen beim Besuchsrecht bekommt. Das kann besonders schmerzhaft sein, wenn er von der Frau ungewollt zum Vater gemacht worden ist, das Kind aber trotzdem liebgewonnen hat. Doch mit dem, was man die „reproduktive Benachteiligung“ nennt, kennt der Mann sich ja schon aus. Eine Frau weiß bekanntlich immer, wer ihr Kind ist, ein Mann nicht. Das kann man aber nun wirklich niemandem vorwerfen; das ist der biologische Vorteil der Frau.

Man darf zwar als weiße Frau nicht mehr unbedingt das Gedicht einer Schwarzen übersetzen; aber vielleicht darf man es wagen, als Christin, die den jüdischen Witz bewundert, an dieser Stelle das ganz wunderbare Gespräch eines jüdischen Ehepaares zu zitieren: „Sarah, Liebes", sagte Moshe, „sag', ist das Davidle von mir?" Darauf Sarah: „Aber Moshe, wo doch grad das Davidle von dir ist!"

Per ordre de femme

Sein ganzes Leben lang steht der Mann unter der Kuratel von Frauen. Die alles bestimmenden Mütter sind nicht immer ein Traum, im Kindergarten und in der Grundschule begegnen kleine Jungen fast ausschließlich Frauen, in der Pubertät werden sie mit schlechteren Schulnoten bestraft, weil sie sich schon mal mit anderen Jungen raufen und typischerweise nicht so anständig benehmen wie die Mädchen.

Hat der Mann die frauendominierte Kindheit und Jugend dann hinter sich gebracht, allen Gleichstellungsbeauftragten zum Trotz einen guten Job gefunden und es zu einigem Ansehen und Einfluss gebracht, kann es von heute auf morgen durch ein einziges Wort einer Frau vorbei sein: „MeToo". Die Anschuldigung reicht, um eine Karriere zunichtezumachen. *Semper aliquid haeret*, haben wir im Lateinunterricht gelernt, es bleibt immer etwas hängen – selbst nach einem Freispruch wegen Mangels an Beweisen. In den USA wird schon seit Jahren unter männlichen Managern der gute Rat weitergereicht: Wenn eine Frau in den Aufzug einsteigt, steigst du aus – unabhängig davon, ob es die gewünschte Etage ist oder nicht.

Warum erzähle ich das alles? Bin ich eine Männerversteherin? Die gibt es inzwischen, und eine der besten ist Tamara Wermli, die auf Youtube in schönstem Schweizerdeutsch über die Diskriminierung von Männern spricht und sich nicht ohne Grund inzwischen eines nennenswerten Abonnentenstamms erfreut.

Männer-Bashing

Frau Wermli hat recht, wenn sie über das beliebte, gesellschaftlich akzeptierte „Männer-Bashing" redet. Es stimmt ja: Zu dem geschilderten Elend, dem man noch eine schlechtere Behandlung von Männern im Strafvollzug und deren deutlich höhere Suizidrate hinzufügen könnte, kommt auch noch, dass Männer, wenn sie nicht mehr jung und zufällig weiß sind, sich als „alte weiße Männer" beschimpfen lassen müssen. Selbst bei der Altersdiskriminierung, die derzeit noch unterhalb des Radars der Opfer-Definierer läuft, werden die Männer schlechter behandelt als die Frauen.

Und da machen Frauen ein Riesengeschrei, weil sie im generischen Maskulinum nur „**mit**gemeint" sind? Wo bleibt da der Bezug zur Wirklichkeit? Bei allem Respekt für die Bedeutung der Sprache: Dem groß inszenierten Theater um das generische Maskulinum, weil es Frauen „nur mitmeine", mangelt es am Gefühl für Angemessenheit und Fairness.

Zurückschießen

Ach, Männer, da tut ihr nun bei Konzernmüttern oder deren Töchtern brav euren Dienst, und dann müsst ihr euch auch noch weibliche Bezeichnungen selbst für eure größten Helden gefallen lassen: im Fußball! „Die Legende verlässt RWE" stand da in großen Lettern im Sportteil meiner Zeitung. Gemeint ist ein 33-jähriger „Meister der ruhenden Bälle". *Die Legende!* Und wie hieß es in einer noch größeren Headline über Joachim Löw? „Die stärkste Persönlichkeit, die ich kenne". *Die Persönlichkeit, die …*

Klar: Die Endung *-keit* triggert Femininum, und auf Femininum folgt *die*. Beides ist sicherer als ein Tor beim Elfmeter. Die Headline hat aber keine Frau geschrieben, und zitiert wird ein Mann: Marcus Sorg, lange Co-Trainer, schwärmt so von seinem scheidenden Bundestrainer Joachim Löw.

Aber so seid ihr, Männer, und so mögen euch echte Frauen: Wo Emotion ins Spiel kommt, steht ihr voll auf Femininum!

Der BMW ist nur ein Auto, *die BMW* aber ist ein Motorrad, genauso wie *die Harley Davidson*. Dass das Auto für die Italiener *la bella machina* ist, versteht sich; aber dass selbst für die angeblich gefühlskalten Briten *das Schiff* weiblich ist, ist bemerkenswert: „Hooray, and up she rises …“

Geschlecht, das

Genauer hingesehen

Sie sind nach alledem neugierig geworden auf die Herkunft eines Begriffes, der die aktuelle Diskussion über korrekte Sprache umtreibt wie kein zweiter? Dann möchte ich nicht versäumen, Ihnen einige interessante Informationen über das Wort *Geschlecht* an die Hand zu geben.

Vier Cluster

Fangen wir in der Jetztzeit an. Der Duden zählt unter dem Eintrag „Geschlecht, das" vier Bedeutungscluster auf. Da geht es unter Punkt 1 zunächst um dreierlei:

- „die Gesamtheit der Merkmale, wonach ein Lebewesen (besonders Menschen und höhere Tiere) in Bezug auf seine Funktion bei der Fortpflanzung meist eindeutig als männlich oder weiblich zu bestimmen ist" (Beispiel Duden: „ein Kind weiblichen Geschlechts")
- „die Gesamtheit der Lebewesen, die dasselbe biologische Geschlecht haben" (Beispiel Duden: „das andere Geschlecht")
- „Gender", ohne jedes Beispiel erklärt als „soziales Geschlecht"

Punkt 2 ist dann das Geschlecht im Sinne von „Geschlechtsorgan", ein Wort ohne Plural, wie vermerkt wird, wiederum ohne Beispiel, aber sicher im Sinne von „Er hatte ein mächtiges Geschlecht". Punkt 3 zerfällt wiederum in drei Unterkategorien:

- „Gattung, Art" (Beispiel Duden: „das menschliche Geschlecht")
- „Generation" (Beispiel Duden: „das vererbt sich von Geschlecht zu Geschlecht")

- „Familie, Sippe“ (Beispiel Duden: „ein altes, vornehmes Geschlecht“)

Fehlt nur noch Punkt 4, das Geschlecht im Sinne von Genus, das nach dem Hinweis „Gebrauch Sprachwissenschaft“ nicht weiter erläutert wird.

Wenig Herkunft, viel Wortwolke

Mit Erläuterungen zur Herkunft des Wortes *Geschlecht* ist der Duden sparsam. Das ist alles, was wir erfahren: „mittelhochdeutsch *geslehte,* althochdeutsch *gislahti,* zu schlagen …, eigentlich = das, was in dieselbe Richtung schlägt“

Unter dem Eintrag *schlagen* finden wir dann unter anderem das Beispiel „sie schlägt ganz, mehr nach dem Vater“. Viel Platz widmet der Duden in seiner Online-Version dagegen einer „Wortwolke“ mit der Überschrift „Typische Verbindungen (computergeneriert)“. Und siehe da: Unter den 24 Verben, Adjektiven und Substantiven, die sich um das Stichwort *Geschlecht* in Wolkenform tummeln, steht ganz oben, ganz allein auf der obersten Ebene: *diskriminieren.*

Ganz oben: diskriminieren

Der Duden betont ausdrücklich, die bereitgestellten Daten erhöben „keinen Anspruch auf Vollständigkeit“, seien „kein Ergebnis redaktioneller Arbeit“ und stellten auch „keine Handlungsempfehlung oder Wertung“ dar. Basis für die Wolkenbildung sei „das Dudenkorpus, eine Textsammlung mit über vier Milliarden Wortformen aus aktuellen Texten, die sehr unterschiedliche Textsorten (Zeitungen und Zeitschriften, Romane, Sachbücher u.a.) repräsentieren“.

Wie kann es da sein, dass dem Wort *diskriminieren* im Zusammenhang mit dem Wort *Geschlecht* eine so buchstäblich herausragende Bedeutung zukommt? Wie konnte es sich in solche Höhen aufschwingen, und das ganz automatisch?

Der unschuldige Anfang

Angefangen mit dem heute so umstrittenen Begriff *Geschlecht* hat vor rund tausend Jahren alles ganz harmlos. *Gislahti* im Althochdeutschen und später *geslecht* oder *geslechte* im Mittelhochdeutschen standen auch nach der unüberhörbaren Lautverschiebung stets für Begriffe wie Abstammung und Gattung. Gemeint war immer die Gesamtheit von Menschen einer Art (*slahta*), aus einer Familie, einer Sippe, von einem „Schlag".

Der Wortkern ist nämlich *schlagen*, was ja auch in dem Duden-Beispiel „Sie schlägt nach ihrem Vater" (gemeint ist sicher nicht „mit einem Gegenstand") deutlich wird. *Gesleht* – das entsprach dem lateinischen Wort *genus*, und auch das hatte anfangs nichts mit männlich und weiblich und schon gar nichts mit Grammatik zu tun, sondern bezeichnete ebenfalls die Art, die Gattung, die Familie, die Abstammung, das Volk, hier sogar die ganze Menschheit.

Schlagseite ab 1400

Erst im Spätmittelhochdeutschen, zwischen Mitte des 13. und 14. Jahrhunderts, bekam *gesleht* eine Zweitbedeutung im Sinne des lateinischen *sexus*. Erst da kam die Biologie ins Spiel als männliches und weibliches Geschlecht. Damit einher ging ab etwa 1400 auch die Verwendung des Wortes in der Bedeutung von grammatischem Geschlecht, lateinisch *genus*. Unübersichtlich wurde die Sache, als im 17. Jahrhundert auch noch der Begriff *Geschlechtswort* kreiert wurde für das, was im Lateinischen *articulus* heißt. Eine wirklich ungeschickte Übersetzung für die Bezeichnung bestimmter und unbestimmter Artikel, die noch viel Verwirrung stiften sollte.

„Geschlechtswörter"

Vielleicht gehören Sie zu denen, die noch in der Schule gelernt haben, *der, die* und *das* seien „Geschlechtswörter". Eigentlich hätte ein aufgewecktes Kind schon damals fragen müssen: Und wieso ist dann *der Löffel* männlich, *die Gabel* weiblich und *das Messer* sächlich? Und wenn dann der Lehrer gesagt hätte: Das gilt doch nur für Lebewesen, hätte **das** Kind fragen können: Und warum bin ich sächlich? Da hätte die ganze Klasse gelacht.

Von und zu

Der ursprüngliche Bedeutungskern von *Geschlecht* ist aber keinesfalls ganz verloren gegangen. Noch heute lebt er fort in der Welt derer „von und zu". Der Adel, besonders der Hochadel, wird nach Geschlechtern unterteilt, wobei besonders vornehme unter ihnen auch als „Häuser" bezeichnet werden – ein Stolz auf die Genealogie, der außer unter einigen Hanseatenfamilien die bürgerliche Welt nicht erreicht hat.

In dieser nicht-aristokratischen Welt habe ich nur einmal von der Sozialdezernentin einer verschuldeten Großstadt gehört, in ihrer Stadt gebe es so etwas wie „Sozialadel": Dort lebten manche schon in dritter Generation von der Stütze. Das fand ich sehr traurig.

„Das wilde Denken"
Der andere Zugang zur Welt

Auch wer nicht Ethnologie studiert hat, kennt vermutlich den Namen Claude Lévi-Strauss. Von dem 2009 verstorbenen französischen Wissenschaftler, dessen Gedanken auch in der Linguistik große Beachtung gefunden haben, stammt der Begriff „Wildes Denken" (pensée sauvage).

Sinnenfroh

In seinem gleichnamigen Werk aus dem Jahre 1962 ging es dem Begründer des „Ethnologischen Strukturalismus“ um die Denkweisen und die durch sie geprägten Sprachen naturnah lebender Kulturen, die ihr Lebensumfeld anders als die Menschen der Industrienationen als Gesamtheit sinnlicher Wahrnehmungen erleben und nicht als Gegenstände eines ordnenden Verstandes.

Begriffe, Bilder und Geschichten, so Lévi-Strauss, entstehen in dieser Welt durch die phantasievolle Kombination von Sinneseindrücken. Dieser andere Zugang zur Welt sei aber keineswegs Ausdruck eines „primitiven“ Denkens, sondern nur eine andere Art, die Welt zu erfassen.

Bestimmte grundlegende Unterschiede aber seien allen Sprachgesellschaften gemein: Mann und Frau, jung und alt, klein und groß etwa. Wir finden hier in der Semantik ein ähnliches Phänomen vor, wie wir es schon in der Phonetik erlebt haben, wo bestimmte Laute universell vorhanden sind und dazu führen, dass quer durch die Sprachen die Wörter für „Eltern“ mit bilabialen Verschlusslauten beginnen, sodass das Baby-Wort für „Mutter“ in den meisten Sprachen so ähnlich klingt wie /mama/ und das für „Vater“ so ähnlich wie /papa/.

Der missionarische Eifer

Auch vor dem Hintergrund solcher Zusammenhänge mutet die aktuelle Genderdiskussion einigermaßen weltfremd an. Dabei fällt auf: Die Befürworter von Eingriffen in die Sprache aus moralischen Gründen sind erstaunlicherweise gerade in den Kreisen zu finden, die neben Sexismus, Homophobie, Nationalismus und Rassismus auch den Kolonialismus anprangern, Kreise also, in denen sich die Erkenntnis durchsetzt, dass der westliche Ansatz, sich die Welt untertan zu machen und damit auch die Sprachen der Welt durch ihre eigene zu ersetzen, mit seinem missionarischen Eifer nicht wenig dazu beigetragen hat, die missionierten Gesellschaften und deren Ökosysteme zu zerstören. Und jetzt soll unser heimatliches Ökosystem Sprache einer angeblich überlegenen Moral unterworfen werden?

Es ist in Mode gekommen, in sich hineinzuhorchen. Achtsamkeitsseminare haben Konjunktur. Es geht darum, die natürliche Weisheit des eigenen Körpers zu erspüren. Aber in den Köpfen – dort, wo das Sprachzentrum zu Hause ist – scheint die natürliche Weisheit noch nicht überall angekommen zu sein. Es wäre an der Zeit, dass der Sinn für das Natürliche und die Ehrfurcht vor der Natur auch in eine Ehrfurcht vor der zentralen, den Menschen vor allen anderen Lebewesen auszeichnende Schöpfung mündete: der Sprache. Und es wäre schön, wenn diese achtsame Einstellung die eigene Muttersprache einschlösse.

Schönes Wort: achtsam

Das heißt nun keineswegs, dass sich nichts an der gelernten eigenen Sprache ändern darf. Eine Sprache, auch unsere deutsche Sprache, verändert sich, wie die vielen Beispiele in diesem Buch zeigen – ständig und immer schon. Und es spricht auch nichts dagegen, dass Menschen gendern, wenn sie meinen, das tun zu sollen. Es spricht nur etwas dagegen, dass es ihnen verordnet wird oder dass man denen ein schlechtes Gewissen macht, die es nicht können oder nicht mögen, und sie gar diskriminiert, wenn sie nicht mitmachen. Wenn sie es aber freiwillig tun, wird man ja sehen, ob es sich durchsetzt.

Ich persönlich glaube nicht, dass es sich durchsetzen wird. Was dem natürlichen Sprachgefühl einer Mehrheit zuwiderläuft, hat es immer schwer. Die historische Erfahrung zeigt zudem, dass sich immer nur das durchsetzt, was nützlich ist und als sinnvoll empfunden wird. Das ist in der Sprache nicht anders als in der gesamten Evolution.

Der ungeliebte Brumaire

Als Napoleon im Zenit seiner Macht war, meinte er, die Regionen seines Reichs in Departements gliedern und neu benennen zu sollen, und die Revolutionsregierung teilte sogar die Monate neu auf und gab ihnen neue Namen; die Zeit vom 23. Oktober bis zum 21. November sollte da zum Beispiel auf einmal, sozusagen „aus heiterem Himmel“, *Brumaire* (Nebelmonat) heißen.

Während die Departements sich als nützliche Einrichtung bis heute im Großen und Ganzen erhalten haben, ist der *Brumaire* im Nebel der Geschichte verschwunden. Auf die komplizierten Umrechnungstafeln zwischen dem republikanischen und dem gregorianischen Kalender hatten die Franzosen von damals genauso wenig Lust wie die meisten Deutschen von heute auf gegenderte Formulare von Behörden.

Esperanto nein, Ivrit ja

Die Chancen für das Genderdeutsch stehen auch deshalb nicht gut, weil eine Kunstsprache immer einer vitalen *Carrier Group* bedarf, um sich durchzusetzen, einer größeren Gruppe von Menschen also, die sich nicht nur in Verlautbarungen, sondern in ihrem gelebten Alltag dieser Sprache ganz selbstverständlich bedienen.

Esperanto war aus genau diesem Grunde kein Erfolg. Ganz anders Ivrit: Das moderne Hebräisch, Amtssprache des 1948 gegründeten Staates Israel und dessen meistgesprochene Sprache, ist quicklebendig und damit der gelungene Versuch, eine ehemalige Sakralsprache wiederzubeleben. Was ihr für den modernen Alltag fehlte, wurde durch Ausleihen aus dem Russischen und Arabischen, dem Englischen, Deutschen, Jiddischen und Französischen ergänzt – Quellen, die durch die Lebenserfahrung der Neubürger eine natürliche Vitalität hatten.

Ganz anders ergangen ist es der Sprache Jesu, dem Aramäischen. Die Sprache, in der er vermutlich seine berühmte Bergpredigt auf dem Hügel über dem See Genezareth gehalten hat und die zu seiner Zeit eine Weltsprache wie heute das Englische war, wurde vom Arabischen verdrängt und leidet darunter, dass ihre rund 800.000 „native speakers" über alle Welt zerstreut sind, weil sie in ihren noch existierenden, aber islamisch dominierten Sprachinseln als Christen verfolgt werden.

Was bleibt?

Eigentlich müsste man sich wegen des Gender-Idioms im Deutschen wenig Sorgen machen. Es ist geschrieben wie gesprochen sperrig, unhandlich, oft missverständlich, manchmal sogar unfreiwillig komisch und wird nicht ohne Grund von der Mehrheit der Sprecher abgelehnt. Würden nicht einflussreiche Medien und einige sich als Sprachwächter aufspielende Behörden diese konstruierte Sprache zu Zwecken der vermeintlichen Weltverbesserung aus Prinzip und systematisch benutzen, würde das Ganze womöglich als Arabeske des frühen 21. Jahrhunderts in die Sprachgeschichte eingehen.

Die Dauer-Exposition

Leider jedoch führt eine ständige Exposition, verbunden mit moralischem Druck auf alle, die nicht mitspielen wollen, auch beim Gendern zu Mitläufer-Effekten und Gewöhnung. Eine solche Abstumpfung erleben wir gerade bei den häufig verwendeten Partizipialkonstruktionen. Die von Sprachliebhabern schmerzlich vermissten *Studenten* sind durch den unerbittlichen Gebrauch des Ersatzwortes *Studierende* zunächst an den Hochschulen selbst und inzwischen auch in den Medien schon so gut wie tot, und das, obwohl der fragwürdige partizipiale Ersatz die erwünschte Geschlechterneutralität ohnehin nur im Plural herstellen kann.

Der einzelne *Studierende*, *die* einzelne *Studierende*, bleibt ja nicht anders als *der* einzelne *Teilnehmende*, *die* einzelne *Teilnehmende* und all die anderen Konstruktionen dieser Art wegen des notwendigen Artikels doch immer Mann oder Frau, ohne Rücksicht übrigens auf Diverse, die ja ansonsten so viel Rücksicht erfahren, dass man ihnen an den Unis spezielle Toiletten baut. Aber im Singular ist da nichts zu machen, sodass sich die Frage stellt, wieso denn bitte *der Studierende* korrekter sein soll als *der Student* und *die Studierende* angemessener als *die Studentin*.

Verarmung mit Ansage

Auch diejenigen, die mit dem Rheinischen Grundgesetz nicht so vertraut sind, seien deshalb warnend an einen von dessen Artikeln erinnert: „Was fott es, es fott." Wenn uns wichtige Differenzierungsmöglichkeiten der Sprache durch solche moralinsauren Übungen verloren gehen, dann ist das eine Verarmung mit Ansage: Was einmal weg ist, kommt so schnell nicht wieder.

Behördenwillkür?
Wo guter Rat schwierig ist

Keine Frage: Wer meint, gendern zu sollen, möge es tun. Aber ich höre immer wieder, dass Menschen sich unter moralischen Druck gesetzt fühlen, es zu tun. Nach dem Motto: Zeig, dass du auf der Seite der Guten stehst! Das wirft die Frage auf, wer in Deutschland eigentlich die Sprachregeln macht.

Lütje Lage

In Berlin und Hannover und einigen anderen deutschen Städten werden die Menschen von den Behörden auf eine Weise angesprochen, die ihnen vielleicht gar nicht gefällt: als *Bürger*innen*. Dort sollen sie auch Formulare ausfüllen, die systematisch gegendert sind.

An manchen Universitäten, an denen meist Frauenbeauftragte Leitlinien für eine „geschlechtersensible Sprache" durchgesetzt haben, sind die „Studierenden" gut beraten, in ihren Arbeiten konsequent zu gendern, weil eine andere Entscheidung sich nachteilig auf die Notengebung auswirken könnte.

Der Duden-Irrtum

Wo Behörden und Hochschulen sich so verhalten, setzen sie sich über eine Empfehlung des Rats für deutsche Rechtschreibung hinweg. Und das ist die Institution, auf die es ankommt, nicht der Duden, wie ein populärer Irrtum lautet.

Der Duden ist ein privater Verlag mit Sitz in Berlin-Wilmersdorf, der nicht nur „den Duden" und andere Bücher herausgibt, sondern auch duden.de betreut. Ein kleines Team germanistisch gebildeter Fachleute kümmert sich hier um das bekannteste deutsche Wörterbuch. Dabei geht es nicht darum, Regeln für das

Deutsche zu schaffen, sondern den tatsächlichen Sprachgebrauch zu spiegeln. Dazu beobachtet ein zum Team gehörender Computerlinguist, wie DIE ZEIT in einem Beitrag vom 12. Mai 2021 schilderte, einen riesigen Datensatz von Wörtern, der aus allem gespeist wird, was nur in irgendeinem Text auftaucht. Stellt sich dann etwa die Frage, ob die *Erzbischöfin* einen Platz im Duden verdient hat, kann ein minimaler Fund von Vorkommnissen im Vergleich zum häufigen Fund von *Erzbischof* als Entscheidungskriterium dienen.

Der Duden beobachtet also nur und zieht nach bestem Wissen und Gewissen seine Konsequenzen. Sie gefallen nicht allen, und besonders die neuerdings systematisch gegenderten Formen mit dem bereits zitierten *Mieter*, der als Mann definiert wird, sind äußerst kritisch kommentiert worden.

Der Rechtschreibrat

Kultur ist in Deutschland bekanntlich föderal organisiert. Deshalb hat sich des Themas Sprache und Rechtschreibung die Kultusministerkonferenz angenommen, in der die Fachminister der 16 Bundesländer zusammenkommen, und 2004 den Rat für deutsche Rechtschreibung eingerichtet. Er ist das maßgebliche Gremium für die amtlichen Regeln der Orthografie und hat die Genderschreibweisen zuletzt im März 2021 abgelehnt.

Dass das Gremium sich schwertut, kann man nachvollziehen. Verständlichkeit, Lesbarkeit, auch Vorlesbarkeit, die Eignung neuer Formen für eine Nutzung in allen deutschsprachigen Ländern, auch solchen mit mehreren Amts- und Minderheitensprachen, schließlich die Forderung, keine unnötigen Hürden zu schaffen für funktionale Analphabeten oder für Deutsch-Lernende mit anderen Muttersprachen – in all diesen und noch weiteren Punkten hat das Gendern schlechte Karten.

„Der Rat für deutsche Rechtschreibung“, so stellt sich das Gremium auf seiner Website vor, „ist ein zwischenstaatliches Gremium, das von den staatlichen Stellen damit betraut wurde, die Einheitlichkeit der Rechtschreibung im deutschen Sprachraum zu bewahren und die Rechtschreibung auf der Grundlage des orthografischen Regelwerks im unerlässlichen Umfang weiterzuentwickeln." Man beachte beim Stichwort Weiterentwickeln den Zusatz „im unerlässlichen Umfang". Das klingt wohltuend nach Respekt vor der Sprache und lässt auf eine gute Entscheidung hoffen. Weiter heißt es: „Der Rat ist somit die maßgebende Instanz in Fragen der deutschen Rechtschreibung und gibt mit dem amtlichen Regelwerk das Referenzwerk für die deutsche Rechtschreibung heraus."

Keine Académie française

Der „Rat" hat den richtigen Namen, denn Vorschriften, etwa zum Thema Gendern, könnte er – selbst, wenn das Gremium sich hier klar positionierte – nicht machen. Mit der berühmten *Académie française*, die in Frankreich schon seit Jahrhunderten über die „Vereinheitlichung und Pflege der französischen Sprache" wacht und 2017 inklusive Schreibweisen abgelehnt hat, ist er nicht zu vergleichen.

Gegründet 1635 auf Initiative des französischen Ministers und Kardinals Richelieu, gehören der Académie mit Sitz in Paris heute 40 Mitglieder an, die alle auf Lebenszeit berufen sind und die „Unsterblichen" genannt werden. Eine Wahl in das Gremium gilt den Franzosen so ziemlich als höchste Ehre, die einem Intellektuellen zuteilwerden kann. Woran man sieht, wie viel Hochachtung die französischen Nachbarn ihrer Muttersprache entgegenbringen.

Die Unsterblichen

Seit 1694, als die erste Auflage des 1637 begonnenen „Dictionnaire de l'Académie" erschien, pflegt die Académie das normative Wörterbuch der französischen Sprache und weitere Referenzwerke zu Grammatik, Rhetorik und Poetik. Das Gremium gilt als sehr konservativ. Berühmte Schriftsteller, die zu ihrer Zeit einen progressiven Ruf hatten, wurden erst gar nicht aufgenommen, und so ging weder der Name Jean-Jacques Rousseau noch der Name Jean-Paul Sartre in die Liste der inzwischen über 700 „Immortels" ein, und es hat auch lange gedauert, bis 1980 mit Marguerite Yourcenar die erste Frau aufgenommen wurde. Der Schriftstellerin sind allerdings inzwischen acht weitere Frauen gefolgt. Da immer erst einer sterben muss, geht das nicht so schnell.

Mit den Erträgen aus ihrem Vermögen, das sie privaten Stiftungen verdankt, verleiht die Académie zahlreiche Literaturpreise, darunter auch den „Grand Prix de la Francophonie de l'Académie Française". La Francophonie! Ja, die Franzosen betonen gern, dass ihre Sprache Weltsprache sei, und in der Tat ist sie in 33 Ländern wenn nicht die, dann eine der offiziellen Sprachen. Das reicht von den überseeischen Departements wie Französisch-Polynesien bis hin zu den ehemaligen Kolonien in Afrika wie der Republik Kongo und der Elfenbeinküste. Nur an den europäischen Höfen, wo es solche noch gibt, wird nicht mehr Französisch gesprochen. Die Zeiten, in denen „Les Œuvres de Frédéric le Grand" (die Werke Friedrichs des Großen) ins Deutsche übersetzt werden mussten, sind vorbei.

Une grande cause nationale

Über die Vermeidung von Anglizismen im Französischen – *ordinateur* statt *computer*, *courriel* statt *mail* – mag man lächeln. Tatsache ist, dass Frankreich mit seinem Spracherbe sorgfältiger umgeht als wir mit unserem. So erklärt sich denn auch ein stolzer Tweet von Präsident Emanuel Macron vom 18. Juni 2021: „Parce qu'elle doit être remise au cœur de la vie des Français, j'ai décidé de faire de la lecture une grande cause nationale. Avec les enseignants, les associations, les librairies, les bibliothèques, les écrivains, nous allons nous mobiliser avec un objectif: faire lire!"

Macron will also zusammen mit Lehrern und Verbänden, Büchereien, Bibliotheken und Schriftstellern eine große Kampagne für das Lesen entfachen, und er will es den Franzosen als große nationale Sache ans Herz legen.

Genderverbot in Frankreich

Warum schreibe ich so ausführlich über Frankreich? Ganz einfach: Weil das Votum der Académie française nicht nur das Pariser Bildungsministerium zu einem Genderverbot an französischen Schulen veranlasst hat, sondern dazu beigetragen hat, dass eine entsprechende Forderung auch für Deutschland laut wurde. Dies nicht nur, wie zu erwarten, aus der AfD, sondern auch aus nationalistisch unverdächtigen Kreisen.

Deutschland ist aber nicht Frankreich. Die schlimmen Versuche, die Sprache in den Dienst von Ideologien zu stellen, sei es unter den Nazis, sei es nach deren Untergang im Osten des Landes durch den „Arbeiter- und Bauernstaat" DDR, haben die historisch einigermaßen Informierten – hoffentlich für alle Zeiten – mit einer tiefsitzenden Abneigung gegen ideologisch motivierte normative Eingriffe in unser Kulturgut Sprache ausgestattet.

Vor diesem Hintergrund ist es vielleicht besser, dass unser Rat für deutsche Rechtschreibung nur Empfehlungen aussprechen kann und dass es keinem Ministerium und keiner sonstigen Behörde zusteht, außerhalb der Usancen im eigenen Hause irgendjemandem einen bestimmten Sprachgebrauch vorzuschreiben oder zu verbieten. Für ein Land, das schon genügend Verbote und bürokratische Hürden kennt, ein geradezu erfrischender Gedanke.

Wer da rät

Schauen wir uns den Rat für deutsche Rechtschreibung genauer an. Er zählt 41 Mitglieder aus sieben europäischen Ländern und Regionen, davon 18 aus Deutschland, je neun aus Österreich und der Schweiz und weitere aus Liechtenstein, Südtirol und der deutschsprachigen Gemeinschaft Belgiens. In der Runde ist die Wissenschaft genauso vertreten wie das Verlagswesen, der Journalismus und die Schriftstellerei, und ehrenamtlich tätig sind die Mitglieder alle. Beschlüsse werden mit Zweidrittelmehrheit gefasst; aber abstimmen dürfen nur 39 Mitglieder, nicht das vorsitzende Mitglied und nicht das Mitglied aus dem kooptierten Luxemburg.

Das Plenum, dessen Geschäftsstelle beim Leibniz-Institut für Deutsche Sprache in Mannheim angesiedelt ist, kommt zweimal im Jahr zusammen. Das Mannheimer Institut, das als Stiftung bürgerlichen Rechts geführt wird, hat gleich zwei Stimmen im Rat für Rechtschreibung. Der wissenschaftliche Direktor des Leibniz-Instituts und Vorsitzende dessen Stiftungsvorstandes, Prof. Henning Lobin, ist, wie er in seinem im Duden-Verlag erschienenen Buch „Sprachkampf. Wie die Neue Rechte die deutsche Sprache instrumentalisiert" begründet, ein Befürworter des Genderns. Eine Mehrheit für diese Position gibt es im Gremium bisher aber nicht.

Quo vadis, Deutschland?

Es darf auch bezweifelt werden, dass sich die Genderfreunde im Rat durchsetzen, denn ihm gehören neben einem Mitglied der dem Gendern zugetanen Duden-Redaktion auch hochangesehene Professoren der Sprachwissenschaft als dezidierte Gendergegner an, ebenso ausgewiesene Pragmatiker wie ein Didaktik-Professor aus Belgien, der eine Arbeitsgruppe zum Thema Gendern leitet. So oder so ist, wie man hört, mit einem Votum frühestens 2022 zu rechnen, und selbst das hätte dann, wie geschildert, auch lediglich eine empfehlende Funktion.

Das alles spricht dafür, es im eigenen Sprachalltag so zu halten, wie es im jeweiligen Kontext vernünftig und richtig erscheint. Das von mir persönlich präferierte „Fairsprechen für Fortgeschrittene" ist eine Sprache ohne Gendersterne oder andere Krücken, aber mit Sensibilität für und Rücksicht auf die Empfindlichkeiten von Menschen, die ich anspreche oder über die ich spreche oder schreibe – seien sie nun männlich, weiblich oder weder noch, schwarz oder weiß, eingewandert oder nicht, behindert oder nicht und was man sich noch alles einfallen lassen könnte, um einen Menschen auf eine einzige Facette seiner Persönlichkeit zu reduzieren.

Fairsprechen konkret

Eine faire Sprache ohne Krampf? Wie soll das denn gehen? Weil Sie die Textstelle gerade gelesen haben, hier direkt ein Beispiel. Der letzte Absatz begann mit der Formulierung: „Das alles spricht dafür, es im eigenen Sprachgebrauch so zu halten, wie es im jeweiligen Kontext vernünftig und richtig erscheint." Da hätte auch stehen können: „Das alles spricht dafür, es in seinem eigenen Sprachgebrauch so zu halten, wie es einem im jeweiligen Kontext vernünftig und richtig erscheint."

Natürlich kann ich mich auf den Standpunkt stellen, dass mit *seinem* und *einem* schließlich alle gemeint sind und dass nun bitte nicht auch noch den Pronomina, den armen „Fürwörtern", das generische Maskulinum übelgenommen werden darf. Aber wo es geht, lässt sich ja Rücksicht nehmen. Oder finden Sie die redigierte Version schlechter als die Ursprungsversion? Sie ist sogar kürzer.

Der Werwolf

An Respekt vor den generisch gebrauchten Pronomina fehlt es mir übrigens keinesfalls. Nicht anders als die Nomina können sie ja eine ganz wunderbare, alle Menschen einschließende Funktion haben. Deshalb möchte ich mit einem der schönsten Gedichte von Christian Morgenstern den Fürwörtern meine Reverenz erweisen. Morgenstern hat es einem ganz wichtigen Pronomen gewidmet, dem Fragepronomen *Wer*. Es heißt „Der Werwolf" und geht so:

Ein Werwolf eines Nachts entwich
von Weib und Kind, und sich begab
an eines Dorfschullehrers Grab
und bat ihn: Bitte, beuge mich!

Der Dorfschulmeister stieg hinauf
auf seines Blechschilds Messingknauf
und sprach zum Wolf, der seine Pfoten
geduldig kreuzte vor dem Toten:

»Der Werwolf«, – sprach der gute Mann,
»des Weswolfs« – Genitiv sodann,
»dem Wemwolf« – Dativ, wie man's nennt,
»den Wenwolf« – damit hat's ein End'.

Dem Werwolf schmeichelten die Fälle,
er rollte seine Augenbälle.
Indessen, bat er, füge doch
zur Einzahl auch die Mehrzahl noch!

Der Dorfschulmeister aber mußte
gestehn, daß er von ihr nichts wußte.
Zwar Wölfe gäb's in großer Schar,
doch „Wer" gäb's nur im Singular.

Der Wolf erhob sich tränenblind –
er hatte ja doch Weib und Kind!
Doch da er kein Gelehrter eben,
so schied er dankend und ergeben.

Morgenstern zum Genderstern?

Ob Christian Morgenstern, geboren 1871 in München-Schwabing und gestorben 1914 in Tirol, lebte er heute, wohl als Mann mit einem Stern im Namen und Sinn für Humor dem Genderstern ein Gedicht widmete? Auszuschließen ist das nicht, denn obwohl er sich zeitlebens bemühte, Anerkennung auch für seine „ernsten" Werke zu finden, ist er doch in erster Linie für seine komische Lyrik berühmt. Vor allem seine „Galgenlieder" sind unvergessen, denn sie sind alles andere als literarischer Nonsens, sondern – wie Morgenstern es selbst nannte – „Spiel- und Ernstzeug". Als solches wollen wir den Genderaktivist*innen den „Werwolf" ans Herz legen, der da am Grab des Dorfschullehrers so bitterlich über die Grenzen der deutschen Sprache weint, und ihnen das Ende eines anderes Morgenstern-Gedichts zu bedenken geben. Ich zitiere aus „Palmströms Uhr":

Selbst als Uhr, mit ihren Zeiten,
will sie nicht Prinzipien reiten:
Zwar ein Werk, wie allerwärts,
doch zugleich ein Werk – mit Herz.

Das Gedicht könnte als Gleichnis für die menschliche Sprache dienen, die von ihrem Wesen her Palmströms Uhr aufs Feinste gleicht. Denn die stellt uns Morgenstern am Anfang seines Palmström-Gedichtes so vor:

Palmströms Uhr ist andrer Art,
reagiert mimosisch zart.

Staunen ohne Ende
Das Wunder der Grammatik

Wer kennt das nicht aus der Schule: Um Himmels willen, Grammatik! Schüler, von Ausnahmen abgesehen, haben die Grammatik eigentlich nie gemocht. Vielleicht haben die Lehrer es auch nur nicht verstanden, sie auf die ungeheuer spannende Entdeckungsreise in die Struktur der Sprache mitzunehmen.

Echte Neugier auf die Bauweise einer Sprache weckte in jüngerer Zeit eigentlich erst wieder der Versuch, für natürliche Sprachen eine mathematische Beschreibungsform zu finden. Noam Chomsky und „Transformationsgrammatik" raunte es in den deutschen Hörsälen der 1970er-Jahre. Chomskys Buch „Syntactic Structures" von 1957 war zu einem der bekanntesten Werke der Linguistik geworden, und in der Tat haben seine Pionierarbeiten die Grundlage für die inzwischen so wichtigen Computersprachen bis hin zur maschinellen Sprachübersetzung geschaffen. Da Chomsky zudem seit etwa 1965 zu einem der meistzitierten linken Kritiker der US-Außenpolitik wurde, faszinierte er nicht nur die Computerfreaks der deutschen 68er-Generation.

Syntaktische Strukturen

Die „generative Transformationsgrammatik" handelt von Oberflächenstrukturen der Sprachen und deren Tiefenstrukturen und von Strukturprinzipien für die Erzeugung sprachlicher Äußerungen, die den Menschen in der Regel genauso wenig bewusst sind wie die meisten Vorgänge in ihrem Körper. Linguisten bestätigen damit, was Muttersprachler tun, wenn sie ihrem Sprachgefühl folgen. Chomskys jüngeren Theorien zufolge gibt es in den Sprachen der Welt bestimmte Parameter im Gehirn, die wie ein Schalter wirken, um für diese Sprache spezifische Strukturen zu erzeugen. Das sei angeboren. Wenn das stimmt, wären Versuche, in grundlegende Strukturen einer Sprache einzugreifen, zum Scheitern verurteilt.

Um es an einem Beispiel aus der deutschen Grammatik deutlich zu machen, zitiere ich gern einen wunderbaren Satz aus einem Aufsatz des deutschen Linguisten Josef Bayer: „Dass im Deutschen das Verb im Nebensatz am Satzende, aber im Hauptsatz an der zweiten Stelle steht, ist von niemandem erfunden worden.“ (Neue Zürcher Zeitung vom 2. April 2019).

Ohne nachzudenken

Wenn Sie die Ausführungen zum deutschen Nebensatz nicht auf Anhieb verstehen, weil Sie weder Germanistik noch Sprachwissenschaften studiert haben, müssen Sie sich nicht grämen. Das ist ja gerade der Charme – Sie würden es als Muttersprachler immer richtig machen, ganz ohne darüber nachzudenken:

„Die Frau <u>verließ</u> das Haus am frühen Morgen.“
Hauptsatz, daher Verb auf Position 2, direkt hinter dem Subjekt.
„Als die Frau am frühen Morgen das Haus <u>verließ</u>, …“
Nebensatz, daher Verb am Ende des Satzes.

Die Regel könnte in der Bevölkerung kaum jemand nennen; und dennoch: Wer Deutsch als Muttersprache hat, macht es so und nicht anders – und muss sich beim Erlernen einer anderen Sprache, die vielleicht anders verdrahtet ist, umstellen. Schon im nahe verwandten Englisch ist es anders:

„The woman <u>left</u> the house in the early morning.“
„When the woman <u>left</u> the house in the early morning, …“
Ob Hauptsatz oder Nebensatz: Das Verb macht hier nicht den Klammeraffen; es behält seine Position.

Chomskys Ansatz ist wie alles in der Wissenschaft nicht unumstritten; aber eine Sache ist evident: dass es Strukturen in einer Sprache gibt, die Muttersprachlern „selbstverständlich" sind, ohne dass die meisten von ihnen wüssten, warum. Für sie ist es einfach nur ein großes Glück, frei reden zu können und „nicht jedes Wort auf die Goldwaage legen" zu müssen, wie es nach Zeitungsbeiträgen von Genderbefürwortern gern in Leserbriefen heißt.

Wortstamm +-*er*
Die gebärfreudige Endung

Zu den Grammatikregeln, die jedem intuitiv vertraut ist, gehört im Deutschen auch die Basismethode, wie man aus einem Verb ein Substantiv macht: Man nimmt den Wortstamm und hängt ein -*er* an. So wird aus dem Tun der Mensch, der etwas tut, manchmal auch ein Tier, das etwas tut, oder eine Maschine, die etwas tut.

Aus der Tätigkeit *malen* wird auf diese Weise der *Maler*, aus *schwimmen* der *Schwimmer*, aus der *brummenden* Fliege der *Brummer*, aus *bohren* der *Bohrer*. Es ließen sich viele Seiten mit solchen Beispielen füllen. Die Ableitungen machen wir automatisch. Selbst bei eingewanderten Wörtern wenden wir unbewusst dieses einfache, praktische Prinzip an: *joggen* ist das, was ein *Jogger* tut.

Kein Sex

Um das biologische Geschlecht geht es uns bei solchen Ableitungen nicht; wenn wir *Bürger* sagen, meinen wir alle Leute mit Bürgerrechten, was spätestens bei Zusammensetzungen überdeutlich wird. Denn wer käme auf die Idee, ein *Bürgermeister* sei nur für männliche Bürger da? Oder können Sie sich vorstellen, den Bürgermeister Ihrer Stadt auf der Straße zu treffen und zu sagen: „Guten Tag, Herr Bürger*innenmeister"? Oder wenn es sich um eine Frau handelt: „Guten Tag, Frau Bürger*innenmeisterin"?

Wollen wir statt der Funktion des Bürgermeisters aber in einem bestimmten Kontext das Geschlecht dieser Person betonen, lässt uns die Sprache auch nicht im Stich: Da hängen wir nach einem ebenfalls selbstverständlichen, einfachen, über Jahrhunderte eingespielten Prinzip an das *-er* noch eine weitere Endung an: *-in*. Schon haben wir die *Bürgermeisterin* oder – um eines der obigen Beispiele aufzugreifen – die *Joggerin*.

Das längere Wort mit seinen zwei Endungen in Folge können wir uns aber sparen, wenn wir alle meinen, egal welch natürlichen Geschlechts. Und wiederum ist es ganz selbstverständlich, und auch das geschieht automatisch und ohne jedes Nachdenken, dass wir dort, wo es um einen konkreten Menschen geht, auch konkret werden und rufen: „Schau mal, die Joggerin da!" Oder fragen: „Kennst du unsere Bürgermeisterin schon?" Oder sagen: „Ruf doch mal bei der Kinderärztin an."

+ -*er* kann ein Mann sein

Das Substantiv, das durch Anhängen von *-er* an einen Wortstamm entsteht, bedient sich zwar äußerlich der maskulinen Form, hat aber, wie wir gesehen haben, mit dem biologischen Geschlecht derer, denen wir die jeweilige Funktion oder Tätigkeit zuschreiben, in dieser allgemeinen, der „generischen" Verwendung nichts zu tun, weder in der Einzahl noch in der Mehrzahl.

„Ein gelernter Maler hätte das anders gemacht."
„Maler sind derzeit schwer zu bekommen."
„Hier unsere aktuellen Angebote für Maler."

Alle diese Aussagen sind völlig geschlechtsneutral. Jeder weiß, dass auch eine gelernte Malerin das anders gemacht hätte, dass die Schwierigkeit, dieser Tage einen Maler zu bekommen, sich auch auf Frauen mit einer solchen Ausbildung bezieht, und dass die aktuellen Angebote des Heimwerkermarkts natürlich auch Malerinnen offenstehen. Das muss nicht eigens und umständlich betont werden. Sprache ist ökonomisch; sie erspart sich unnötige Erläuterungen.

So einfach, so klar und so praktisch ist das im Deutschen mit dem generischen Maskulinum. Es ist eines der Ergebnisse der Evolution unserer Sprache, die in ihrer Grammatik drei Formen unterscheidet, die mit dem biologischen Geschlecht der bezeichneten Menschen oder Tiere nichts zu tun haben: Maskulinum, Femininum und Neutrum. Der Spatz, die Amsel und das Rotkehlchen lassen grüßen.

Ein produktives Prinzip

Das geschilderte Ableitungsprinzip vom Verb zum Substantiv (Wortstamm *+er*, also *gewinnen* zu *Gewinner*) ist so simpel und praktisch, dass es sich zu einem der produktivsten Prinzipien der deutschen Wortbildung entwickelt hat. Damit haben sich, sehr zum Ärger der Feministinnen, vermeintlich männliche Formen zu sehr durchgesetzt und werden, da das Prinzip unverändert vital ist (siehe: *joggen/Jogger, skaten/Skater*), trotz aller erklärten Abneigung wohl auch künftig zumindest in der Umgangssprache nicht totzukriegen sein.

Dabei hat Luise Pusch dem generischen Maskulinum schon in ihrem 1990 erschienenen Buch „Alle Menschen werden Schwestern" den Kampf angesagt. Getrieben von dem Wunsch einer „Ausdehnung weiblichen Terrains im allgemeinen Bewußtsein" schwärmte sie für das „schöne lange Femininum" im Vergleich zur „Kümmerform" der maskulinen Begriffe. Was an einem Wort mit zwei Endungen *(+-er +-in)* schöner sein soll als an einem praktischen und zugleich multifunktionalen mit nur einer Endung, will sich mir nicht so recht erschließen. Mit solchen Thesen kann man aus der Debatte kaum als *Gewinner*in* hervorgehen.

Die Verliererinnen

Zum besonderen Verdruss derer, die den Männern wünschen, es „endlich einmal zu erleben, wie es sich anfühlt, *mitgemeint* zu sein", so Luise Pusch im genannten Buch, bedient sich die Wortbildung auf *-er* auch noch im Plural der maskulinen Form, ohne dabei die Frauen auszuschließen.

Wenn irgendwo *die Gewinner* einer Verlosung aufgerufen werden, gucken die Frauen genauso erwartungsfroh auf ihre Losnummern wie die Männer. Im Grunde ist das viel gescholtene generische Maskulinum so nichtdiskriminierend, wie man es sich besser kaum wünschen kann. Mal angenommen, ein Moderator, der sich beim Zeitgeist anbiedern wollte, würde im spannenden Moment der Verlosung sagen: „So, und jetzt wird unsere Glücksfee die Gewinnerinnen und Gewinner ziehen", würde er alle diskriminieren, die sich für weder männlich noch weiblich halten. Da muss er zum Knacklaut als Krücke für das Gesprochene greifen und *Gewinner_**innen*** betonen.

Da unser anpassungsfähiges Wunderwerk Sprache aber immer auch Methoden hat, das zu bezeichnen, was in einer Situation wünschenswert ist, kann er es natürlich auch interessanter machen und ganz bewusst das Geschlecht betonen. Also ruft er, denn er ist ja nicht bei der Lufthansa beschäftigt, wo soeben die Anrede *Meine Damen und Herren* zusammen mit den *Ladies and Gentlemen* beerdigt worden ist:

„Es wird spannend, meine Damen und Herren, unsere Glücksfee, die heute ein Mann ist, hat das Siegerlos gezogen: Die Gewinnerin ist: ..." Erst ahnen, beim Stichwort *Gewinnerin* wissen dann alle im Saal, dass gleich eine Frau auf die Bühne gehen wird, um ihren Preis abzuholen. So beweglich ist die gesprochene Sprache, die durch keine Gendervorschriften in ein Korsett gesteckt wird.

Die Extra-Portion weiblich

Nicht genug damit. Will unser Moderator das Geschlecht der Gewinnerin besonders hervorheben, kann er zu einer weiteren Methode greifen, die die gesprochene Sprache bereithält: die Betonung auf der Endung, eine im Deutschen mit seiner Stammbetonung sehr auffällige Sache. „Meine Damen und Herren", heißt es dann zum Beispiel, „zum ersten Mal seit fünf Jahren haben wir wieder eine Gewinner**in**!" In der Schriftsprache müssen wir uns da mit einer Fettung oder sonstigen Markierung behelfen. Noch einmal für die Genderaktivisten: Am Anfang war das Wort!

Hier wird sehr deutlich, warum Genderstern und -unterstrich genauso wie Binnen-I und Binnen-: mit anschließendem *innen* als Fremdkörper empfunden werden: Sie fordern zu einer Betonung von *innen* heraus und lassen deshalb Menschen mit unverbildetem Sprachgefühl denken, hier solle die weibliche Form aus einem besonderen Grunde ganz besonders hervorgehoben werden und das *Förderpaket für Künstler*innen* sei tatsächlich und ganz bewusst ausschließlich für Frauen gedacht.

Ja aber, werden Sie vielleicht einwenden, wir sprechen doch auch von *Schülerinnen* oder *Rentnerinnen*, ohne die Endung zu betonen. Klar tun wir das. Aber doch nur, wo wir konkrete Personen meinen. Ist zum Beispiel die Rede von der *Handballmannschaft* eines Mädchengymnasiums, sind das selbstverständlich *Schülerinnen*. Haben wir ein Mietshaus, in dem ausschließlich Rentnerinnen wohnen, geben wir auf die Frage: „Wer sind denn ihre Mieter?", natürlich die Antwort: „Rentnerinnen". Die Endung würden wir nur betonen, wenn dann die Nachfrage käme: „Wie, keine Männer?" Dann könnte die Antwort sein: „Nein, ich habe zwar nichts gegen Männer; aber im Moment sind es halt alles Rentnerinnen."

Weil nicht sein kann, was nicht sein darf

Leider wollen einige Genderaktivist*innen die Struktur des Deutschen und speziell seinen Umgang mit dem grammatischen im Unterschied zum biologischen Geschlecht nicht akzeptieren. Die „wissenschaftlichen" Arbeiten zu diesem Thema erinnern schon sehr an das berühmte Gedicht von Christian Morgenstern „Die unmögliche Tatsache" mit Palmströms Erkenntnis aus der Schluss-Sentenz:

Weil, so schließt er messerscharf,
nicht sein kann, was nicht sein darf.

Wissenschaft
Ohne Wissen nur ein Schaft

Angenommen, Sie hören jemanden sagen: „Die Idee von 2 + 2 = 4 hat kulturelle Gründe." Oder: „Dass Millionen von Schülern das Ergebnis 4 für alternativlos halten, ist eine Folge von westlichem Imperialismus und Kolonisierung". Da denken Sie doch, Sie seien im Kabarett gelandet. Sind Sie aber nicht.

Wie Harald Martenstein im ZEIT-Magazin vom 6. Juni 2021 schreibt, ist der Imperialismusverdacht, der uns schon seit Jahrzehnten in der Sprache zu schaffen macht, in der Mathematik angekommen. Die im Deutschlandfunk zitierte Äußerung einer Mathematikerin, der Lehrsatz über die Winkelsumme in einem ebenen Dreieck stimme nicht mehr, sobald man das Dreieck auf eine Orangenschale male, mag noch belächelt worden sein. Derweil beginnt eine „antirassistische Mathematik" in den Schulen der USA Einzug zu halten. Der ZEIT-Autor zitiert aus einem Lehrplan in Seattle, wo den Schülern im Unterricht Fragen wie diese gestellt werden: „Wer bestimmt, was richtig ist?" Oder: „Untersuche, wie Mathe benutzt wird, People of Color zu unterdrücken."

Offen im Denken

Seit jeher zeichnet es die Wissenschaft aus, zu beobachten und mit den aus der Beobachtung gewonnenen Erkenntnissen im Austausch der Argumente zu konsistenten, plausiblen Erklärungen des Forschungsgegenstandes zu gelangen. Wo diese Arbeit durch den Wunsch gesteuert wird, eine These beweisen zu wollen, muss dennoch am Ende stets ein q.e.d. stehen: quod erat demonstrandum (was zu beweisen war). In der „feministischen Linguistik" aber sind bestimmte „Ergebnisse" aus weltanschaulichen Gründen erwünscht. Forschung, auch sprachwissenschaftliche Forschung, wenn sie denn den Namen verdienen soll, darf aber nicht voreingenommen sein, sondern muss offen sein im Denken.

„Offen im Denken" ist übrigens der Slogan einer Universität mit vielen Studenten „aus bildungsfernen Schichten", vulgo Arbeiterfamilien. Sie gehörte zu den ersten, die ihr Studentenwerk in *Studierendenwerk* umbenannten. Dabei steht das Deutsche Studentenwerk (die Dachorganisation heißt tatsächlich immer noch so) schon seit hundert Jahren allen Studenten, egal welchen Geschlechts, mit Rat und Tat zur Seite, etwa in der Frage, wie sie auch mit einer Behinderung erfolgreich studieren können, oder wie sie, wenn sie bereits Kinder haben, ihr Pensum trotzdem schaffen.

Von all diesen „Studierenden" wird nicht nur hier unter dem Druck von Genderaktivisten neuerdings erwartet, dass sie zwar offen im Denken sind, wenn sie sich mit der von ihnen gewählten Wissenschaft befassen, aber nicht, wenn es um das Verfassen von Arbeiten geht; wer nicht konsequent gendert, so wird berichtet, riskiert eine schlechtere Note. Man fragt sich, warum die Damen und Herren Kollegen etwa aus den naturwissenschaftlichen Disziplinen, die gern ergebnisoffen forschen, sich das gefallen lassen.

„Rassistische Mathematik"

Wenn der ZEIT-Autor außerdem fragt, warum der Mathematik eigentlich nicht auch noch ihr sexistischer Charakter vorgeworfen worden sei, meint er damit wohl eher die Computer mit ihrem binären System ohne jede diverse Kategorie. Das ist natürlich pure Ironie, aber eine Steilvorlage, um zu zeigen, warum die menschliche Sprache so viel differenzierter ist als jedes Computerprogramm, das die für die menschliche Kommunikation gewünschte und erforderliche Komplexität auch nur annähernd abbilden wollte.

Allein die Tatsache, dass wir nicht immer nur reden, um Inhalte zu verbreiten, sondern manchmal nur, um ein gutes Klima unter den Gesprächspartnern zu erzeugen, oder dass wir Witze machen oder mit Anspielungen arbeiten, deren Verständnis ganze Bildungs- oder Erfahrungswelten voraussetzt, unterscheidet die menschliche Sprache so sehr von allen Programmiersprachen, dass man gar nicht genug Bewunderung für ihre hochfeinen Strukturen entwickeln kann.

Zwischen den Zeilen lesen

Da holt die Oma den Enkel vom Bahnhof ab und sagt, was Omas in dieser Situation immer sagen: „Du bist aber groß geworden!" Wenn dann der Enkel, noch im Zug stehend, antwortet: „Kein Wunder, bei **den** Verspätungen!", würde kein Computer den Witz verstehen. Denn dazu müsste er das Elend der Deutschen Bahn kennen. Nur dann könnte er diesem kurzen Dialog all die Informationen entnehmen, die tatsächlich darin stecken, und das sind nicht wenige:

Erstens: Der Zug ist mit großer Verspätung angekommen. Zweitens: Die Oma ist nett, denn sie hat gewartet und ist trotzdem freundlich. Drittens: Sie ist offensichtlich Muttersprachlerin, denn sie verwendet die in solchen Situationen unter Muttersprachlern übliche Wendung „Du bist aber …". Viertens: Der Enkel hält die Bemerkung der Oma für nicht besonders originell, mag die Oma aber, hält sie weder für blöd noch für uninformiert, und reagiert deshalb, selber helle und gut informiert, mit einem Scherz.

Die Blusen des Böhmen

Muttersprachler, anders als Sprachwissenschaftler, denken über solche Konnotationen nicht nach; aber sie sind sich ihrer durchaus bewusst und haben deshalb eine Wendung dafür: *etwas heraushören* – in der geschriebenen Sprache: *zwischen den Zeilen lesen*. Genau das aber ist es, was Computerprogramme nicht können.

Sie würden auch den folgenden Buchtitel von Robert Gernhardt nicht verstehen: „Die Blusen des Böhmen". Denn dazu müssten sie wissen, dass die Sammlung von Nonsens-Geschichten aus dem Jahre 1977 sich auf Baudelaires Gedichtsammlung „Les Fleurs du Mal" (Die Blumen des Bösen) bezog – als genialer Schüttelreim.

Noch komplizierter als in der geschriebenen wird es in der gesprochenen Sprache, wo das eine gesagt und etwas anderes „herausgehört" wird, wegen einer Betonung vielleicht, einer Hebung oder Senkung der Stimme, wegen einer unerwarteten Pause, wegen der Gestik, der Mimik – die Aufzählung ist alles andere als vollständig. Mit so vielen Bildern können die Datenbanken der KI gar nicht gefüttert werden, als dass die Rechner jemals die nötige Empathie entwickeln könnten.

Das volle Programm

Augenbraue angehoben? Zwinkern? Kopf schief? Mundwinkel nach oben? Stirn gerunzelt? Je nachdem, wie er sich dabei anstellt, kann ein TV-Moderator, wenn er von „Kanzlerkandidat*innen" spricht, ganz unterschiedliche Botschaften aussenden:

- Diesmal habe ich den Glottisschlag aber nicht verstolpert.
- Ich fühle mich richtig jung, wenn ich gendere.
- Bei den Zuschauerinnen werde ich punkten.
- Jetzt halten uns die Jungen nicht mehr für Opa-Programm.
- Man darf ruhig hören, dass ich für die Frau bin.
- Mich nervt das; aber für meine Karriere ist es wohl besser.

All dies kann ein Computer nicht „heraushören". Und auch in Printmedien geht es ihm nicht besser. Wie soll er auch zwischen den Zeilen lesen, wenn er gar keine Zeilen kennt?

Moralinsäure
Der große Klimakiller

Woran mag es liegen, dass Gender-Speech im Alltag selbst bei seinen Befürwortern immer wieder dem gelernten Deutsch mit all seinen Erscheinungsformen einschließlich des gehassten generischen Maskulinums weicht? Liegt es vielleicht daran, dass die Absicht, die Frauen „sichtbarer zu machen", spätestens bei *wer*, *jemand* und *niemand* scheitert?

Das Mädelstreffen

Was tut eine Gastgeberin, wenn sie ein Mädelstreffen veranstaltet hat, bei dem die Damen auch in den Pool gestiegen sind, wenn sie am nächsten Tag einen BH findet, der nicht ihr gehört? Wahrscheinlich verschickt sie eine Rundmail: „Jemand hat seinen BH bei mir liegen lassen. Wer war das? Bitte melden."

Jemand, seinen, wer – alles Formen männlichen Ursprungs, die sogar die verwenden, die es vorziehen, nicht *man*, sondern *frau* zu sagen. Sei es, dass ihnen die männliche Entstehungsgeschichte diverser Fürwörter nicht bewusst ist, sei es, dass sie nicht auch noch im lockeren Gespräch mit Freundinnen Lust haben, ständig über geschlechtergerechte Sprache nachzudenken. Denn das lässt sich leider nicht leugnen: Gender-Deutsch wirkt wie alle Formen moralgetriebener Sprachveranstaltungen auf die Zuhörer wie saurer Regen. Die Moralinsäure, die einem da entgegenschlägt, ist im alltäglichen Gespräch ein Klimakiller.

Cancel Culture

Schade, dass Robert Gernhardt nicht mehr lebt: Zum Gendern mit seiner Neigung, nicht Gewolltes zu eliminieren und dabei Bedeutungsverluste in Kauf zu nehmen, wäre ihm sicher eine Menge eingefallen. Als hätte er das Unheil schon am Horizont gesehen, hat er 2012 ein Gedicht geschrieben, das man auch auf das bedrohte generische Maskulinum anwenden kann. Es heißt „Der Tag, an dem das verschwand“ und ist so etwas wie eine Parodie auf die „Cancel Culture“:

Am Tag, an dem das verschwand,
da war die uft vo Kagen.
Den Dichtern, ach, verschug es gatt
ihr Singen und ihr Sagen.
Nun gut. Sie haben sich gefasst.
Man sieht sie wieder schreiben.
Jedoch:
Soang das nicht wiederkehrt,
muß aes Fickwerk beiben.

Wo Literaten leiden

Es darf nicht wundern, dass Gender-Speech unter Schriftstellern kaum Freunde findet. Sprachliebhaber fürchten nichts mehr als Sprachvorschriften oder gar -verbote. „Die Kunst ist eine Tochter der Freiheit“, sagt Schiller.

Sprachgourmets sind auch nicht einfältig genug, sich in eine Fernsehshow zu setzen, in der eine „Comédienne“ das Publikum auffordert, doch mal alle zusammen „Spiegelei“ zu sagen, um dann festzustellen: „Glottisschlag mitten im Wort, geht doch!“ und dann, da sich ihr inhaltlicher Beitrag zum Thema Gendern damit bereits erledigt hat, diesen noch mit einem Liedchen zu dekorieren. Titel: „Alles lässt sich gendern (Glottisschlag)“.

Herrgött*in noch mal, wenn das wenigstens komisch wäre! Wenn sie etwa auf die Idee käme zu fordern, jeden zweiten der verbliebenen Paternoster in *Maternostra* umzubenennen. Die Männer haben dennoch freudig mit applaudiert. Aber wie schrieb schon der Spötter Heine: „Ein Tor ist immer willig, wo eine Törin will.“

Genus und Sexus
Spielen erlaubt

Der Freidenker Heine, dessen Schriften in Deutschland verboten waren, hat in Frankreich Zuflucht gesucht. Dabei hat er außer seiner Mutter und den Frauen ganz generell kaum etwas so sehr geliebt wie seine Muttersprache. Kein Wunder! Sie ist gerade, was das Männliche und Weibliche angeht, ganz ungeheuer spannend.

Lyrisches Intermezzo

Zu dem, was Heine brillant beherrscht, gehört auch das Spiel mit Genus und Sexus. Das folgende Gedicht, erstmals 1823 im „Lyrischen Intermezzo" erschienen und später noch einmal im berühmten „Buch der Lieder", ist ein Paradebeispiel dafür.

Ich steh auf des Berges Spitze,
Und werde sentimental.
„Wenn ich ein Vöglein wäre!"
Seufz ich vieltausendmal.

Wenn ich eine Schwalbe wäre,
So flög ich zu dir, mein Kind,
Und baute mir mein Nestchen,
Wo deine Fenster sind.

Wenn ich eine Nachtigall wäre.
So flög ich zu dir, mein Kind,
Und sänge dir nachts meine Lieder
Herab von der grünen Lind'.

Wenn ich ein Gimpel wäre,
So flög ich gleich an dein Herz;
Du bist ja hold den Gimpeln,
Und heilest Gimpelschmerz.

Gegen die Deutschtümelei

In dem Spottgedicht von 1823 karikiert Heine den Romantisierungswahn seiner Zeit mit all ihren deutschtümelnden Dichtern. Ganz bewusst greift er, der sich selbst als „entlaufenen Romantiker" bezeichnet, mit dieser Persiflage von „Wenn ich ein Vöglein wär" die Formensprache des Volksliedes auf.

Nicht dass Heine die geniale Einfachheit dieser nicht ohne Grund zu Liedern gewordenen Texte nicht geschätzt hätte! Im Gegenteil: Er liebte die Gattung schon als Teenie in Düsseldorf und erst recht seit seiner Begegnung mit dem „roten Sefchen", jener Henkerstochter, die ihm so manches Volkslied ins Ohr sang. Er mochte die einfache und klare Struktur des Volkslieds und hat sie oft und viel in seinen eigenen Gedichten genutzt – so genial, dass allein seine „Lorelei" über vierzig Vertonungen erfuhr, darunter auch die berühmte von Friedrich Silcher. Er hatte nur etwas gegen die abgedroschenen Bilder der Romantiker; es reichte ihm mit dem Lindenbaum.

Danke, generisches Femininum!

Für seine Reverenz an die Schönheit des Volksliedes, verbunden mit Kritik am Zeitgeist, kommt Heine nun die deutsche Sprache ganz wunderbar entgegen. Die Tatsache, dass sie nicht nur ein generisches Maskulinum kennt (*der Gimpel*, den es ja nicht nur in männlicher Form gibt), sondern auch ein generisches Femininum (*die Schwalbe*, *die Nachtigall*, die beide auch als Vogelmännchen vorkommen) und ein generisches Neutrum (*das Vöglein*, das alle kleinen Vögel umfasst), erlaubt es ihm, in der letzten Strophe neben der ironischen Brechung des Romantischen (da hätte das wenig schmeichelhafte Wort *Gimpel* völlig gereicht) den Dichter selbst durchscheinen zu lassen: Er ist nicht ***das** Vöglein*, nicht ***die** Schwalbe*, nicht ***die** Nachtigall* – er ist ***der** Gimpel*.

Heute ist uns für den fraglichen Vogel der Name *Dompfaff* geläufiger; aber immer noch ist der *Gimpel*, anders als der Dompfaff, tölpelhaft konnotiert. „Ich bin doch kein Gimpel" heißt es schon im Mozartlied. Heine spielt hier mit Genus und Sexus, und da kommt ihm der Gimpel gerade recht. Anders als beim Sperling, der hier keine gute Wahl gewesen wäre, unterscheiden sich bei dieser Finkenart die biologischen Geschlechter sehr deutlich: Beim Männchen sind die Flanken und der Oberbauch anders als beim Weibchen leuchtend rot.

Die Biologie spricht hier von Dimorphismus. Und die Vögel dieser Welt werden daran im Gegensatz zu uns Menschen auch weder durch Unisex-Kleidung noch durch Unisex-Parfüms noch durch Absprachen über ein geschlechtsneutrales Zwitschern irgendetwas ändern. Die twittern, wie ihnen der Schnabel gewachsen ist.

Revolutionär

Als eine, die gern hilft, die Frauen sichtbarer zu machen und dennoch gegen die Abschaffung des generischen Maskulinum plädiert, bemühe ich in meinen Beispielen dafür, was uns durch einen Verzicht alles verloren ginge, nur zu gern Heine. Denn Heine war alles andere als ein Konservativer.

Als ihn auf Helgoland die Nachricht von der Juli-Revolution in Frankreich erreicht, macht er sich gleich auf den Weg nach Paris. Von Paris aus erzählt er in einer „Vorrede" der für seine deutschen Leser gedachten Buchreihe „Salon" dann die folgende Geschichte, die er während einer Sommerfrische in Boulogne-sur-Mer erlebt habe: Auf der Landstraße von Havre habe er plötzlich einen Bauernwagen „mit allerlei ärmlichen Kisten und Kasten" gesehen und beim Näherkommen erkannt, „sie sprachen Deutsch, in schwäbischer Mundart".

Jene kümmerliche Beschränktheit

Der Atem sei ihm in der Kehle gestockt, schreibt er, denn „es war das Vaterland selbst, das mir begegnete, auf jenen Wagen saß das blonde Deutschland, mit seinen ernstblauen Augen, seinen traulichen, allzu bedächtigen Gesichtern, in den Mundwinkeln noch jene kümmerliche Beschränktheit, über die ich mich einst so sehr gelangweilt und geärgert, die mich jetzt aber gar wehmütig rührte". Ja, selbst die „Gebrechen" des „Vaterlandes" seien ihm „plötzlich teuer und wert" gewesen, und so fragte er die armen Leute nach deren „Griesch di Gott!", warum sie denn Deutschland verlassen hätten. Heines Erzählung wörtlich: „Das Land ist gut und wären gern dageblieben", antworteten sie, „aber wir konntens nicht länger aushalten –"

Und nun kommt Heine, der es in Deutschland ebenfalls nicht hat aushalten können, mit der Erkenntnis: „Ich schwöre es bei allen Göttern des Himmels und der Erde, der zehnte Teil von dem, was jene Leute in Deutschland erduldet haben, hätte in Frankreich sechsunddreißig Revolutionen hervorgebracht und sechsunddreißig Königen die Krone mitsamt dem Kopf gekostet."

Sechsunddreißig Revolutionen

Mit den 36 Revolutionen spielt Heine auf den deutschen Flickenteppich mit seinen damals 36 Kleinstaaten an. In unserer Bundesrepublik Deutschland haben wir zwar nur 16 Bundesländer; aber deren „Feudalismus" umfasst immer noch die „Kulturhoheit". Da es keine Kultur ohne Sprache gibt, hätte auch das Heine, lebte er heute, wohl zu denken und zu schreiben gegeben. Seine Waffe war ja bei aller Sympathie für die Revolution nicht die Guillotine, sondern die Sprache, der man, wie dieses Büchlein hoffentlich zeigt, durch Amputation und Zensur nicht guttut.

Schon in seinem Düsseldorfer Lyzeum mochte Heine, obwohl er bereits in jungen Jahren ein beachtliches dichterisches Talent zeigte und auch sehr gut Französisch sprach, keine Verse auf Französisch schreiben – wegen des „metrischen Systems der französischen Poesie", das ihm „eine wahre Zwangsjacke für Gedanken" erschien. „Der französische Hexameter", so gesteht er in seinen Memoiren, „dieses gereimte Rülpsen, ist mir wahrhaft ein Abscheu." Der Französischlehrer sprach seinem Schüler darauf „allen Sinn für Poesie ab"; aber noch der inzwischen berühmte, seit langem in Paris lebende Poet bekennt kurz vor seinem Tode rückblickend: „Ich hätte für Frankreich sterben können; aber französische Verse machen, nimmermehr!"

Unglaublich weiblich!
Die deutsche Sprache

Luise Pusch, jener feministischen Linguistin, die sich für die „Ausdehnung des weiblichen Terrains im allgemeinen Bewusstsein" mit Hilfe der Sprache stark machte, hätte der folgende Umstand eigentlich gefallen müssen: Die Mehrzahl der Substantive im Deutschen ist feminin.

Unter der Sonne

Die Muttersprachler denken nicht darüber nach, dass sie permanent Bezeichnungen mit Genus feminin im Munde führen. Menschen, die Deutsch als Fremdsprache lernen, wundern sich dagegen sehr. „Warum ist denn *der Keller* männlich“, fragen sie, „*die Diele* weiblich und *das Wohnzimmer* sächlich? Und warum ist *der Löffel* männlich, *die Gabel* weiblich und *das Messer* sächlich? Eigentlich müsste doch der runde Löffel …“

Stopp, können wir da nur sagen. Mit Geschlecht im Sinne von Mann, Frau oder divers hat das alles nicht das Geringste zu tun. Und, um der nächsten Frage gleich vorzubeugen, warum das so ist, wissen wir nicht.

Et es wie et es

Und schon wieder kommt uns das Rheinische Grundgesetz zu Hilfe, diesmal mit Artikel 1: „Et es wie et es“ (hochdeutsch: Es ist, wie es ist). Den Engländern, die als bestimmten Artikel nur *the* kennen, können wir nur sagen: Das müsst ihr eben einfach auswendig lernen. Und die Franzosen bekommen zu hören: Uns ist schon bewusst, dass *der Mond* bei euch *la lune* heißt, *die Sonne* dagegen *le soleil*; aber so ist das nun mal; wir sind für die Sprachgeschichte nicht verantwortlich; das hat sich so entwickelt. Immerhin kennen wir bei den Gestirnen ausnahmsweise den Grund: In allen romanischen Sprachen ist die Wortwurzel für unseren „Mond" das lateinische *luna* (feminin) und für unsere „Sonne" das lateinische *sol* (maskulin).

Ein bestrickender Gedanke

Irgendwann merken die Kursteilnehmer dann, dass es deutlich mehr Feminina als Maskulina im Deutschen gibt. Dann können wir, um den Unterricht ein wenig aufzulockern, von der durchaus ernst gemeinten Einlassung der erwähnten Linguistin erzählen, es gehe doch nicht an, dass fast alle Bäume bis auf *den Ahorn* feminin seien (*die Birke, die Buche, die Eiche, die Erle, die Platane, die Kiefer, die Tanne* usw.), dass der Obergriff aber trotzdem *der Baum* heiße. Mich erinnert das an einen Besuch in Marburg, wo aus unerfindlichen Gründen im Umfeld der Uni die Baumstämme bunte Strickmäntel anhatten.

Ach, wie viel mehr müsste „frau" sich da aufregen, dass es *der Himmel* heißt, aber *die Hölle!* Angesichts der Ewigkeit der zu erwartenden männlichen Belohnung im Gegensatz zur weiblichen Bestrafung sind die inzwischen erfolgreich aus der Wetterkarte ausgemerzten männlichen Hochs und weiblichen Tiefs ja allesamt laue Lüftchen.

Von Brüderlein und Schwesterlein

Nun haben wir aber ein paar ganz Aufmerksame in unserem Kursus „Deutsch als Fremdsprache" und können sicher sein, dass die den Finger heben: „Ja, aber", werden sie sagen, „was ist denn mit: *der Mann, die Frau, der Vater, die Mutter*?" Diese ganz zentralen Bezeichnungen von Personen und besonders Familienmitgliedern haben sie natürlich früh gelernt.

Gut aufgepasst, kann man da nur sagen, bei wenigen Begriffen, zu denen auch *der Bruder, die Schwester, der Onkel, die Tante* gehören, sind biologisches und grammatisches Geschlecht ausnahmsweise kongruent. Aber – und jetzt aufgepasst! – wir brauchen nur eine Endung wie *-lein* anzuhängen – schon zieht die Regel, dass alle Wörter mit Endung *-lein* Neutren sind, und aus *dem Vater* wird *das Väterlein*, aus *der Mutte*r wird *das Mütterlein*, und wir können das Lied von *Brüderlein und Schwesterlein* singen, ohne die bezeichneten Personen auch nur ansatzweise ihres natürlichen Geschlechts zu berauben.

Zur Sache, Schätzchen!

Und da es so viel Spaß macht, dieses Prinzip zu erkennen: Nicht nur die Endung *-lein* dient als zuverlässiger Geschlechtsumwandler der rein grammatischen Art; mit dem *-chen* und anderen geht es ganz genauso: Da wird aus *dem Schatz* ganz fix *das Schätzchen*, aus *dem Mann* mühelos *das Männchen*, aus *der Frau* gegebenenfalls auch *das Frauchen*.

Das Spannende an der Sache ist, dass solche Vorgänge mit keinesfalls systematischen Bedeutungsverschiebungen einhergehen: *Das Schätzchen* ist meist ein Kosename, *das Frauchen* hat wahrscheinlich einen Hund, *das Männchen* nicht; das macht der Hund für *das Herrchen*. Es sei dann, es würde in einem anderen Kontext gebraucht für einen klein geratenen Mann oder einen kleinen Jungen, dem man eine Standpauke hält: „Jetzt hör' mal zu, Männchen!“

Die Behauptung der feministischen Linguistik, das Neutrum beim *Mädchen* signalisiere eine herabsetzende Bezeichnung für eine noch nicht erwachsene Frau, der man weibliche Eigenschaften abspricht, ist also einigermaßen abstrus. Selbst *dem Fräulein* (Gott hab es selig!) hat man zu seinen Lebzeiten keinesfalls die Weiblichkeit abgesprochen. Es ist zwar gut, dass wir es beerdigt haben, weil die Botschaft „unverheiratet“ in den meisten Kontexten völlig überflüssig war; aber von einem Verschwinden der im Wortstamm *Frau* ausnahmsweise tatsächlich inkludierten Weiblichkeit konnte auch hier nicht die Rede sein. Es war nichts weiter als die automatische Folge einer grammatischen Regel: Die Endung *-lein* erzeugt ein Neutrum – immer.

Es endet weiblich ohne Ende

Wenn wir uns nun im stillen Kämmerlein einmal die Mühe machen, genauer nachzuschauen, was im Deutschen alles grammatisch feminin ist, dann ist das Ergebnis eindeutig: Deutsch ist ganz unglaublich weiblich:

die Achtung, die Biegung, die Codierung, die Dämmung, die Ernennung, die Führung, die Gestaltung, die Haltung, die Instandsetzung, die Justierung, die Kränkung, die Lähmung, die Meldung, die Nennung, die Ordnung, die Pfändung, die Quantifizierung, die Röstung, die Teilung, die Unterrichtung, die Vergebung, die Wendung, die Zähmung

Fällt Ihnen etwas auf? Lauter Wörter mit Endung *-ung*, quer durch das Alphabet, alle abgeleitet von Verben (*achten, biegen, codieren* usw.), alle feminin. Man fände noch viel, viel mehr von dieser Sorte.

Der Mann, die Mannschaft

Auch bei der Endung *-schaft* wird jeder maskuline Wortstamm qua Regel rein grammatisch kastriert. Bei *der Mannschaft* hat die Männlichkeit genauso ausgedient wie bei *der Herrschaft, der Genossenschaft* – und herrschaftsnocheinmal! – *der Kameradschaft, der Bruderschaft* und sogar *der Priesterschaft* der Katholiken. *Die Mannschaft* kann zwar aus Männern bestehen, aber ebenso gut eine Frauenfußballmannschaft sein, und ob in ihr Schwule, Lesben oder Menschen mit noch anderen sexuellen Orientierungen mitspielen, interessiert zumindest grammatisch rein gar nicht.

Die Herrschaft kann sich auf die Amtsperiode einer Monarchin nicht nur im Falle Maria Theresias beziehen, von der der schöne

Satz stammt „Was hätte ich noch für Kriege führen können, wenn ich nicht dauernd schwanger gewesen wäre!“, sondern genauso auf die eines männlichen Herrschers („unter Napoleons Herrschaft“), oder ironisch Männer wie Frauen bezeichnen, denen man dient („Die Herrschaft ist heute nicht zu sprechen“).

Genauso funktioniert es bei allen anderen Wörtern mit der Endung *-schaft* – von *Autorenschaft* über *Bauernschaft* und *Kundschaft* bis hin zur *Bürgerschaft*: immer *die*, und wenn man das Wort nicht wiederholen will und deshalb ein Pronomen setzt: *sie* (feminin natürlich). „Du musst die Kundschaft pflegen; sonst ist sie weg“ – dieser Satz gilt für Damen- und Herrenausstatter gleichermaßen.

Denn die Herrlichkeit Gottes des Herrn

Wunderschön, der „Messias“ von Georg Friedrich Händel, eine ganz große Nummer für alle Chöre der Welt. Wenn er als „Messiah“ auf Englisch gesungen wird, rühmen auch die Sopran- und Altstimmen „the glory of the Lord“ (nicht „of the Lady“) und damit ausnahmsweise und unbestreitbar einen Mann.

In der deutschen Übersetzung des 1741 in Händels Wahlheimat England komponierten und ein Jahr später in Dublin uraufgeführten Oratoriums jubilieren wir mit den Worten aus der Überschrift: „Denn die Herrlichkeit Gottes des Herrn“. Aber nicht nur die wird offenbart in dieser Übersetzung der christlichen Glaubenslehre auf der Basis der King-James-Bibel und des „Book of Common Prayer“, sondern auch eine weitere Eigenschaft der deutschen Grammatik, die aus *dem Herrn die Herrlichkeit* werden lässt. Wenn etwas dran wäre an der These, dass man im Genus den Sexus mithört, hätte die deutsche Version dieses männlichen Gottes ganz schön weibliche Eigenschaften.

Kleine Eselei

Die 2021 verstorbene, widerborstige Theologie-Professorin Uta Ranke-Heinemann hat einmal gesagt: „Ein Esel stellt sich Gott als Esel vor. Der Papst stellt sich Gott als Mann vor.“ Leonardo da Vinci und andere berühmte Künstler diverser sexueller Orientierungen haben den lieben Gott zwar über Jahrhunderte hinweg in ihren Werken als Mann dargestellt; dennoch entbehrt die Formulierung nicht einer gehörigen Portion Witz. Sie könnte auch auf die Genderzuschreibungen der feministischen Linguistik angewendet werden. Etwa so: Ich stelle mir den Baum als Frau vor.

Nun gibt es sicher Frauen wie mich, unter ihnen auch Theologinnen, die sich den lieben Gott eher als die Güte in Person ohne äußere Geschlechtsmerkmale vorstellen. Nicht zu übersehen ist aber, dass die Vorstellungen der feministischen Theologie, die in diesem Punkt der feministischen Linguistik ähnelt, in einem Teil der Jugend angekommen sind. In einem Beitrag mit dem Titel „Katholische Jugend gendert das Wort ‚Gott‘“ vom 15. September 2020 berichtet der Tagesspiegel, die KSJ, bezeichnenderweise die Abkürzung von „Katholische Studierende Jugend“ (die studieren also auch, wenn sie gerade im Gött*indienst sind), wolle „weg von einem ‚strafenden, alten, weißen Mann mit Bart‘“. Ist am Ende der liebe Gott schuld, dass in unserer Gesellschaft alle Männer einen solchen Imageverlust erfahren haben, die so aussehen wie der liebe Gott auf den berühmtesten Gemälden der Welt? Und warum lässt er dann die Diskriminierung der „alten weißen Männer“ durch solche Bezeichnungen geschehen?

Maria 2.0

In Wahrheit ist es wohl eher so, dass die alten Männer einer Organisation, die der liebe Gott erkennbar nicht eigenhändig geschaffen hat, den Imageverlust der Kirche zu verantworten haben. Da war es wirklich Zeit, dass die Frauen aufstehen – was sie ja auch tun: Stichwort „Maria 2.0". Mit Gendern werden sie jedoch nicht viel ausrichten, mit Mund-Aufmachen schon. Nicht mit Sternchen, sondern mit Argumenten.

Vor einigen Jahren habe ich in einem Vortrag vor dem Katholischen Akademikerverband darauf hingewiesen, wie dumm es ist, dass eine Organisation mit extremen Nachwuchssorgen wegen des Anforderungsprofils „zölibatär lebender Mann" sowohl die Mehrzahl der Männer als auch sämtliche Frauen vom Priesteramt ausschließt. Nachdem man nicht mehr als Hexe verbrannt wird, riskiert man allenfalls die Buhrufe in diesem Fall tatsächlich alter und sogar weißer Männer. Übrigens wissen alle Eingeweihten: In weiten Teilen Afrikas haben die Priester gleich mehrere Frauen, und in der Amazonas-Region üben Frauen faktisch das Priesteramt aus.

Die Abgöttin

Bei dem Versuch, besagten Herren etwas über die eigene Vorstellung von Gott und der Welt zu vermitteln, taugt unsere Sprache sehr wohl; ich wüsste jedenfalls nicht, welche sensible Differenzierung man in ihr nicht zum Ausdruck bringen könnte. Aber wenn ich als groß gewordenes und aufgeklärtes Kind nicht mehr beten dürfte „Lieber Gott, mach mich fromm, dass ich in den Himmel komm", wüsste ich beim besten Willen nicht, wie ich dieses göttliche Wesen denn angemessen ansprechen sollte, wenn nicht mit „Lieber Gott". Liebe*r Gött*in etwa?

Ein Blick in die mittlerweile ins Kraut schießenden Ratgeber vom Typ „So gendern Sie richtig" hilft da kaum weiter. Was dort an Absurditäten angeboten wird, raubt einem mehr den Verstand als der stärkste Weihrauch. Gender.de, ein Internet-Wörterbuch mit rund 4.500 Stichwörtern, empfiehlt Hilfesuchenden etwa unter dem Stichwort *Abgott* auch *Abgöttin* und alternativ: *vergöttertes Wesen* oder *Abgöttliche.* Immerhin wird in einer letzten Spalte der Abgott gleich einem Lebensbereich zugeordnet, in diesem Fall der Esoterik. Und da gehört er wohl auch hin.

Für Kabarettisten mögen solche Verzeichnisse eine wahre Fundgrube sein. Alle anderen bleiben mit Blick auf das Gendern besser das, was der kuriose Ratgeber *Abstinenzausübende* zu benennen empfiehlt. Abstinenz bedeutet zwar, dass man etwas nicht tut, und wie soll man ein Nichtstun ausüben; aber so viel Komik darf sein.

Die Schwestern -heit und -keit

Zurück! Denn wir haben die enorme Weiblichkeit der deutschen Sprache noch nicht annähernd erfasst. Da sind ja keinesfalls nur die überaus produktiven Endungen *-ung* und *-schaft*, die aus jedem maskulinen Stamm garantiert ein Femininum machen. Auch die Endung *-heit*, nicht anders als ihre Schwester *-keit*, gehört zu den sehr fruchtbaren Produzentinnen eines deutschen Wortschatzes mit deutlich femininer Schlagseite.

„Freiheit, Gleichheit, Brüderlichkeit!" Sogar der weltbewegende Schlachtruf der Französischen Revolution besteht aus lauter Feminina: *die Freiheit, die Gleichheit, die Brüderlichkeit!* Und wer führt das Volk, nachdem der reaktionäre König Karl X. versucht hat, die feudalen Zustände von vor der Revolution wiederherzustellen? Genau: „Die Freiheit führt das Volk". So jedenfalls der Titel des berühmten Gemäldes von Eugène Delacroix, in dem eine Frau die Fahne hochhält: Marianne, die Nationalfigur der Französischen Republik.

Den Franzosen ging es damals darum, die erneute Machtübernahme durch das Bürgertum in einem liberaleren Königreich zu sichern. Angesichts wachsender Versuche, unsere bürgerlichen Freiheiten einzuschränken, und sei es nur durch unerwünschte Eingriffe von Behörden in unsere Sprache, tut es gut, sich daran zu erinnern.

Länge mal Breite

Wenn Sie immer noch nicht glauben wollen, dass das Deutsche deutlich feminin daherkommt, könnte ich Ihnen jetzt auch noch all die vielen produktiven Endungen auf *-e* vorstellen, die aus Adjektiven wie *lang*, *breit* und *hoch* immer Feminina machen: *die Höhe, die Weite, die Dürre, die Hitze, die Kälte* und so weiter und so fort. Oder auch aus Verben wie *suchen, bleiben, reiben, liegen* Feminina zaubern: *die Suche, die Bleibe, die Reibe, die Liege.*

Sollten Sie dann immer noch nicht genug haben vom Feminismus der deutschen Wortbildung, könnte ich auch noch die Endungen auf *-ei* ins Feld führen, die aus *dem Brauer* ganz automatisch *die Brauerei* machen, *den Hausmeister* ganz ohne dessen Zutun in *die Hausmeisterei* verfrachten und *dem Narren* selbstverständlich *seine Narretei* bescheinigen. Feminina, *Länge* mal *Breite!*

Sogar der gendernde Duden bestätigt: Fast die Hälfte unserer Substantive ist weiblich. Genauer: Von denen, die nur einen Artikel kennen (seltene Fälle wie *der, die* oder *das Joghurt* oder *der* oder *das Virus* also nicht mitgezählt), verlangen 46 Prozent den weiblichen Artikel *die*. Den männlichen Artikel *der* verlangt dagegen mit 34 Prozent nur etwa ein Drittel; der Rest ist Neutrum.

Multitasking
Kleines Gastspiel

Wer weiß, wie schwierig das Übersetzen von einer in die andere Sprache sein kann und dass man spätestens bei Gedichten mit einer Nachdichtung in der Regel besser beraten ist als mit dem Versuch einer wörtlichen Übertragung, hat hohen Respekt vor der Doppelbödigkeit von Sprachen, die durch das Multitasking von Formen entstehen.

Weniger ist mehr

Ein Prinzip im guten Design lautet: Weniger ist mehr. Die Kunst besteht im Weglassen. Was weggelassen werden kann, bestimmt die Funktion: „Form follows function" – so das Prinzip. Übertrüge man es auf die Sprache, wäre allein schon eine Formulierung wie *Frau Professorin* schlechter Stil, weil unnötigerweise zweimal gesagt wird, dass es sich um eine Frau handelt: in *Frau* inkludiert und durch die Endung *-in* markiert.

Sprachen sind auf Ökonomie ausgelegt. Deshalb ist es kein Wunder, dass dieselbe äußere Form oft verschiedenen Funktionen dient. Das generische Maskulinum ist da bei Weitem kein Einzelfall. Das Multitasking von Formen ist vielmehr ein Grundprinzip der menschlichen Sprache. Selbst die wenigen Substantive, die niemals etwas anderes bezeichnen können als Männer, weil ihnen wie im Falle *Vater* ein Sexus-Marker innewohnt, sind in verschiedenen Funktionen im Einsatz: In der Wendung „der Vater von Klaus" etwa bezeichnet *Vater* eine konkrete männliche Person, in der Aussage „Vater werden ist nicht schwer" ist dagegen vom Mann als solchem die Rede. Fit fürs Multitasking ist auch die Pluralform: „Die Väter aus unserem Club" sind ganz bestimmte Männer, während es in der folgenden Formulierung um Väter ganz generell geht: „Wenn Väter Firmen übergeben …"

Was die maskulinen Formen leisten, können die femininen auch. „Deine Mutter nervt“ – da nervt die konkrete Frau. „Die Mutter ist ein häufiges Motiv in der Malerei“ – da ist es die Mutter als solche. „Sind die Mütter mit eingeladen?“ – diese Frage gilt konkreten Müttern. „Mütter werden in unserem Lande benachteiligt“ – da sind sämtliche Mütter gemeint.

Und natürlich dienen auch die Neutrum-Formen verschiedenen Funktionen: „Siehst du das Mädchen da?“ – da sprechen wir von dem konkreten Kind. „Manchmal ist es besser, ein Mädchen zu sein“ – meint ein Mädchen im Gegensatz zu einem Jungen. „Wann müssen die Mädchen eigentlich wieder zu Hause sein?“ – diese Frage betrifft vermutlich die Töchter des Hauses. „Mädchen sollten mehr MINT-Fächer studieren“ – hier sind alle Mädchen gemeint.

Die ungastliche Sprache

Spannend wird die Sache, wenn ein Begriff nicht geschlechtlich markiert ist wie beim *Gast*. Das kann ein bestimmter Mann sein („Herr Müller ist ein gern gesehener Gast“), eine bestimmte Frau („Frau Müller ist ein häufiger Gast“), im Plural eine gemischte Gruppe („Die Gäste haben sich hervorragend amüsiert“) und im Singular eine reine Funktionsbezeichnung („Das gehört sich nicht für einen Gast“). In jüngerer Zeit konnte man es als eingeladene Frau erleben, als *Gästin* angesprochen zu werden, oder in Danksagungen nach einem Ereignis lesen „Liebe Gästinnen und Gäste“.

Wie bitte? Ich bin keine „Gästin“. Ich bin Gast. Wenn das in der Einladung schon so gestanden hätte, wäre ich vielleicht gar nicht hingegangen. Ich war aber da (*zu Gast!)* und habe mich auch brav in die *Gästeliste* eingetragen; aber *Gästinnen* habe ich keine gesehen. Wer soll das sein? Es waren alles Gäste, Männer, Frauen, älter und jünger, nette Gäste, gebildete Gäste. Womit haben die einen solchen Unsinn verdient?

Der alte Tilsiter
Und eine verlegene Verlegerin

Da wir gerade bei Gästelisten sind, auf denen trotz des generischen Maskulinums auch Frauen stehen, möchte ich Ihnen eine kleine Geschichte erzählen. Geschichten halten die Aufmerksamkeit wach und erhellen, wenn es die richtigen sind, die Zusammenhänge.

Zu Gast

Es war im Jahre 2003, als in Essen der 80. Geburtstag eines hochangesehenen, aber stets durch seine Bescheidenheit auffallenden Journalisten gefeiert wurde, der über viele Jahre hinweg als Chefredakteur der Westdeutschen Allgemeinen das Gesicht der größten deutschen Abozeitung geprägt hatte, ohne großes Tamtam in der deutschen Zeitungslandschaft Pionierarbeit geleistet hatte durch die Einführung der Computer in die Redaktionsarbeit, zudem lange eine prägende Figur im Deutschen Presserat war und sich als Vorsitzender der Gesellschaft für Publizistische Bildungsarbeit auch intensiv um den journalistischen Nachwuchs kümmerte.

Die Rede ist von Siegfried Maruhn. Seine Zeitungskommentare waren berühmt für ihr behutsames Abwägen zwischen Pro und Contra. Langweilig waren sie dennoch nie, weil hier ein Meister der Sprache am Werk war, einer, der auch gern aus dem Englischen übersetzte und nach seiner Pensionierung den Stuhl des Chefredakteurs mit dem eines Korrespondenten in Washington tauschte. Maruhn konnte nicht passieren, was ein vor den Nazis ins englischsprachige Exil geflohener Wiener Jude einmal in die traurigkomischen Worte kleidete: „Sie können sich gar nicht vorstellen, wie schrecklich es ist, aus Mangel an Vokabeln mitten im Satz das Thema wechseln zu müssen."

Die Gourmandise

Die Begeisterung dieses Mannes für die Computertechnik war legendär, und schon früh hatte er erkannt, wie nützlich sie sich gerade auch für die Liebhaber des Wortes machen konnte. Denn er war ein Sprachgourmet, eine Eigenschaft, die ihm in seiner Eigenschaft als Vorsitzender des Beschwerdeausschusses des Deutschen Presserates sicher zugutekam, denn die beklagten Verstöße gegen journalistischen Anstand und journalistische Sitte, die dort behandelt wurden und werden, um dann zu Rügen zu führen oder auch nicht, haben naturgemäß meistens mit Sprache zu tun.

Der Deutsche Presserat ist aktiv wie eh und je; aber es fällt auf zu sehen, dass der Kodex, den man auf seiner Website herunterladen kann, auf unzulässige Eingriffe in die Regeln der deutschen Sprache an keiner Stelle eingeht, auch nicht unter dem Stichwort „Diskriminierungen", zu deren Vermeidung solche Eingriffe durch manche Redaktionen oder deren einzelne Mitglieder ja angeblich geschehen. Ob sich da noch niemand beschwert hat? Denn beim Presserat beschweren kann sich jeder.

Am Verlegerinnentisch

Ob willkürliche Verstöße gegen die deutsche Grammatik heute einen eigenen Punkt im Kodex des Presserates erhielten, wenn einer wie Maruhn noch lebte? Schwer zu sagen. Aber zurück zur erwähnten Geburtstagsfeier, bei der ein für heutige Ohren verdächtig nach Gendern klingendes Wort Aufmerksamkeit erregte: *Verlegerinnen.* Dies aber auch nur deshalb, weil es Bestandteil eines Kompositums war: *Verlegerinnentisch.*

An dem vom Gastgeber so bezeichneten Tisch war ich platziert worden – zum Amüsement meines Ehemannes, der „nur" im Medien-Management tätig war, und zum Befremden anwesender Chefredakteure, die mich als Verlegerin einer zwar feinen, aber kleinen Zeitschrift nicht im Kreise solcher Damen wie der Verlegerin der damaligen WAZ-Gruppe und der Augsburger Allgemeinen vermutet hätten. Beim Stichwort Augsburger Allgemeine nimmt ein medienkundiger Mensch ja gleich Haltung an: Die hatten doch schon Heines Beiträge aus Paris veröffentlicht, und der war nun unzweifelhaft der Pionier des Feuilletonstils.

Ich war also eine ziemlich verlegene Verlegerin und habe, als das Geburtstagskind sich erhob, um die Gäste zu begrüßen, während dessen Hinweis, dass er sich das Vergnügen gegönnt habe, selber am Verlegerinnentisch zu sitzen, darüber nachgedacht, wie sich weibliche Endungen auf *-innen* normalerweise gegen die Hinzufügung weiterer Begriffe zur Erzeugung von Komposita wehren. Es sei denn, es geschähe mit dem realen Hintergrund der Markierung einer Ausnahme, hier: weil bei dieser Feier wirklich keine männlichen Verleger anwesend waren oder zumindest nicht an dem bezeichneten Tisch saßen.

Die gewollte Markierung

2003 war vom Genderstern noch keine Rede. Aber bis heute gilt: Ein Kompositum wie *Schülerinnenaustausch* oder *Gymnasiallehrerinnentreffen* akzeptieren wir, wenn überhaupt, nur ausnahmsweise als bewusste Markierung des Sonderfalles, dass wirklich nur Mädchen unterwegs sind oder sich ausschließlich die weiblichen Mitglieder der Lehrerschaft treffen. Sonst sprechen wir vom *Schüleraustausch*, an dem selbstredend Jungen, Mädchen und gern auch Diverse teilnehmen, oder vom *Treffen der Gymnasiallehrer.* Der *Schüleraustausch* braucht, weil für geübte Leser noch gut zu erfassen, in der geschriebenen Form auch nicht den Bindestrich, den man dem *Schülerinnen-Austausch* gönnen möchte.

Solche sprachlichen Feinheiten hatte der Jubilar vermutlich auf dem Schirm, als er vom „Verlegerinnentisch“ sprach. Mit welcher Eleganz und Prägnanz er sich durch seine Muttersprache bewegte, wurde überdeutlich, als einer der Festredner eine Episode aus der langen Karriere des aus Tilsit im damaligen Ostpreußen stammenden Geburtstagskindes erzählte.

Der alte Tilsiter

Es war bei einem Zeitungskongress, als sich im Lift zum Sitzungssaal dem bekannten Chefredakteur ein Nachwuchsmann mit den Worten vorstellte, er sei „der junge Appenzeller", worauf Maruhn entgegnet habe: „Gestatten: alter Tilsiter."

Manchmal ist es ganz hilfreich, einen solchen Käse zu erzählen, um klar zu machen, zu welchen Zwischentönen, Doppeldeutigkeiten, Anspielungen und ungesagt Verstandenem eine Sprache fähig ist, die manche meinen, mit Bauklötzchen wie Gendersternen und dergleichen nach ihrem Partikularinteresse umbauen zu dürfen, um dann auch noch moralischen Druck auf alle auszuüben, die dabei nicht mitmachen wollen.

Vielleicht empfinden diese Muttersprachler ja instinktiv die eigentliche Crux der Gender- und aller anderen vermeintlich inklusiven Sprachen: ihr unbewegliches Denken in Kategorien wie männlich und weiblich, farbig oder nicht, behindert oder nicht und ihr Pochen auf deren Benennung auch dort, wo es für die Botschaft unerheblich ist. Denn das verhindert nicht nur Gemeinsamkeit und Solidarität, sondern zerstört die Basis jeden Humors: die Zwischentöne und die Doppeldeutigkeit.

Die pietistische Freudlosigkeit

Zieht euch warm an, Kreative: Sobald ihr euch an den absurden Ersatzvorschlägen aus den „So gendern Sie richtig"-Ratgebern ironisch abgearbeitet habt, wird die sprachlich zementierte politische Korrektheit euch nur noch langweilen. Die pietistische Freudlosigkeit, mit der Behörden und andere immer neue Wörter für immer neue Diskriminierungen erfinden und durchzusetzen versuchen, legt sich gerade lähmend über unser Land.

„Hier bin ich Mensch"
Von Einschließen und Ausgrenzen

Juni 2021. Bundestagspräsident Wolfgang Schäuble, der nach feministischer Diktion womöglich als „zweiter Mensch im Staate" zu apostrophieren wäre, ruft auf einem Podium zu einer zivilisierten Streitkultur auf. Man müsse Menschen, die sich aus der Gemeinschaft zurückgezogen hätten, zurückholen.

Solche Menschen kennen wir alle: Sie sind auf der Straße unterwegs bei den „Querdenkern" und im Netz in ihren „Filterblasen". Grund genug, nach Antworten auf die Frage zu suchen, wie das denn aussieht: eine zivilisierte Streitkultur. Das war denn auch Gegenstand eines WDR-Gesprächs vom 15. Juni 2021, in dem Michel Friedman die Kernthesen seines Buches „Streiten? Unbedingt!" vorstellte. Von Gendern war dabei nicht die Rede; aber die Thesen geben auch in diesem Zusammenhang zu denken.

Wo zwei sich streiten

Es klingt so simpel und ist doch so richtig: Streit, so Friedman, funktioniert nur auf der Basis von Tatsachen. Wenn jemand also zum Beispiel behauptet, das Gendern sei geeignet, die Welt zu verändern, dann gilt es, wenn man das anders sieht und einem das Thema wichtig ist, mit diesem Menschen zu streiten und Argumente für seine andere Meinung vorzubringen. Genau das versuche ich mit diesem Buch, das nicht nur diejenigen bestätigen soll, die meine Meinung teilen.

Die Kultur des Streits

Leider ist das Streiten in Deutschland negativ konnotiert. Wir sprechen gern abschätzig von „Streithähnen". Friedman sieht den

Grund dafür im Schweigen der Nachkriegszeit. Das scheint mir auch so: Wer dem Treiben der Nazis zugesehen hat, ohne den Mund aufzumachen, womöglich sogar aus Überzeugung „Heil Hitler" gerufen hat, war gut beraten, sich nach dem Untergang dieses „Dritten Reichs" in Schweigen zu hüllen und sich – im besten Fall – zu schämen.

Aber mittlerweile sollten neue Generationen reif sein, den Streit zu kultivieren und im Austausch der Argumente etwas dazuzulernen. Denn wo wir Streit nicht als eine Bereicherung, sondern als etwas Vulgäres empfinden, bleiben wir in unserer Blase. Welche Worte wir wählen für den Streit, ob gegendert oder nicht, das sollte jedoch jedem Einzelnen überlassen bleiben.

Warum klingt eine Schlagzeile wie „Streit in der Großen Koalition" immer gleich wie ein Vorwurf? Was denn bitte sonst! Sollen sie sich doch streiten in unseren Parlamenten, für unser aller Wohl sollen sie sich streiten, ringen um die besten, die vernünftigsten, die fairsten Konzepte; dafür haben wir sie doch gewählt, und dafür werden sie von uns bezahlt.

Auch über Sprache streiten

Gern sollen sie sich übrigens auch über Kultur und Sprache streiten. Ist eine Position wie „Kultur ist Ländersache" noch zeitgemäß? Ist es vernünftig, dass jedes Bundesland eigene Vorstellungen darüber hat, was im Deutschunterricht vermittelt wird? Ist es gut für Kinder, wenn sie keine Schreibschrift mehr lernen? Ist es richtig, tatenlos mit anzusehen, wie Universitäten und andere öffentliche Institutionen nach eigenem Gutdünken das Gendern verfügen?

Wenn Schäuble eine zivilisierte Streitkultur fordert, um Menschen, die sich abgespalten haben, wieder in die Gesellschaft zurückzuholen, dann müsste er auch Sprachtechniken in den Blick nehmen, die Menschen ausgrenzen, indem sie sie ungebeten auf eine einzige ihrer Eigenschaften reduzieren.

Einfach nur Mensch

Wenn ich nicht gerade einen Termin in der Gynäkologie mache, bin ich nicht Frau, sondern Mensch, und wenn ich schwarz bin, will ich vielleicht nicht dauernd als Mitglied einer Gruppe namens *People of Color* adressiert werden, unter denen ich als Individuum gerade noch als *Person of Color* bezeichnet werden kann, weil ein einzelner *People* nicht nur so komisch klänge wie der dem Duden bekannte *Sinto* und *Rom*, sondern als Singular schlicht nicht existiert. Soll ich, wenn ich von einer sympathischen neuen Bekanntschaft erzählen will, etwa sagen: „Ich habe heute Morgen im Zug eine sehr nette weibliche Person of Color kennengelernt?"

Darüber, was unerbittliches Gendern für das ganze große, kostbare Inventar unserer geflügelten Worte bedeuten würde, mag ich gar nicht nachdenken. Hier drängt sich mir eine der vielen Kostbarkeiten aus Goethes Faust auf: „Hier bin ich Mensch, hier darf ich's sein." Heinrich Faust, der unglückliche Gelehrte, spricht ihn bei seinem berühmten Osterspaziergang, als er erlebt, wie wohl sich Menschen aller Stände im feiertäglichen Trubel fühlen. Der Satz ist so schön, so kurz und so treffend, wie kein Genderprodukt jemals sein könnte. Und wenn es uns so richtig gut geht in einer bunt gemischten Gesellschaft, dann haben wir ihn bis heute in genau diesem inkludierenden Sinne genüsslich parat: Mensch sein. Wie schön! Einfach nur Mensch sein.

Zum Glück stehe ich mit meiner Auffassung nicht allein da. Auch die Sprachwissenschaftlerin Dagmar Lorenz, hier zitiert nach Tomas Kubeliks Buch „Genug gegendert", empfindet die „Sexualisierung der Sprache als Zumutung". Ihr will es nicht recht einleuchten, warum sie sich nun eine gesonderte Anrede gefallen lassen muss. Zu den *Wählern*, jenem praktischen Begriff, der einst alle Wahlberechtigten ungeachtet ihres jeweiligen Geschlechts umfasste, darf sie sich nun nicht mehr zählen. Sie muss sich zu den *Wählerinnen* gesellen, mit denen sie nichts als das in diesem Zusammenhang völlig irrelevante biologische Geschlecht gemein hat.

Etikette ...

Mich erinnert das alles an Zeiten, als bei Einladungen nach dem gesetzten Essen, bei denen auf das Wert gelegt wurde, was in meiner Gegend „westfälische Reihe" heißt – Männlein und Weiblein abwechselnd, damit, wie es in den feineren Kreisen hieß, auch jeder Tischherr seine Tischdame zu Tisch führen konnte –, die Gesellschaft anschließend auseinanderfiel in die Herren, die sich ins Raucherzimmer zurückzogen, um dort über Politik und Wirtschaft zu reden, und die Damen, die beim Kaffee sitzen blieben, um sich über die neueste Kosmetik auszutauschen.

Das war zu einer Zeit, als man in einem Konzern als Abteilungsleiterin, also mindestens zwei Ebenen unter dem Vorstand, bereits eine Rarität war und es passieren konnte, dass man, neu im Präsidium einer Handelskammer, mit dem Spruch „Es wurde ja auch Zeit, dass wir hier mal was Hübsches bekommen" begrüßt wurde.

... und Etiketten

Diese Zeiten sind zum Glück vorbei, aber nicht, wie die feministische Linguistik gern für sich in Anspruch nimmt, als Erfolg ihrer Bewegung, sondern weil sich die Frauen bestimmte Formen der Behandlung einfach nicht mehr haben gefallen lassen. Kein Wunder also, dass die vermeintlichen Retterinnen sich immer neue Opfer ausgucken, die sie dann wiederum mit Sprachakrobatik retten wollen. Das Traurige ist: Den wahren Opfern wird damit faktisch genauso wenig geholfen wie den Frauen.

Kein schwarzer Mensch wird von der Polizei weniger häufig kontrolliert, weil er zu einer *Person of Color* umbenannt wurde. Immerhin verhilft der durch neu kreierte Begriffe dokumentierte Opferstatus zu dem Privileg, öffentlich Dinge sagen zu dürfen, die Menschen ohne Opferstatus nicht sagen dürfen. Doch das ist ein zweischneidiges Schwert, weil es diejenigen, die das nicht dürfen, gegen die Opfer aufbringt.

Es bedarf keiner Frage, dass ein sensibler Mensch in seiner Ausdrucksweise auf die Gefühle anderer Rücksicht nimmt und lieber einmal mehr als einmal zu wenig fragt, ob irgendeine Bezeichnung vielleicht von den Bezeichneten selbst als verletzend empfunden wird. Wo diese Einstellung nicht vorherrscht, sind die neuen schönsprecherischen Etiketten für die Betroffenen genauso wenig wert wie seinerzeit der Adelstitel für Friedrich Schiller. Der gab den Brief von „Franz dem Zweiten, von Gottes Gnaden erwählter Römischer Kaiser“ ungerührt an seine Frau weiter. Schiller wollte nie Fürstendiener sein, aber immerhin konnte seine geliebte Lotte, geborene von Lengefeld, damit endlich an den Vergnügungen des Weimarer Hofes teilhaben. Er selbst machte sich lieber wieder an sein neues Drama. Wie gut; ein großer Teil unseres herrlichen Zitatenschatzes stammt von ihm.

Die Technik durchschaut
Du Opfer!

Es kann einem nur Respekt abnötigen, dass sich gerade unter denen, die durch die neue „inklusive Sprache" zu Opfern erklärt werden, solche befinden, die den Mechanismus von Anfang an durchschaut haben. Mit bewundernswertem Sprachwitz haben zum Beispiel junge Männer „mit Migrationshintergrund" die Wendung „Du Opfer!" kreiert.

„Du Opfer!“ ist so genial entlarvend, dass es inzwischen Eingang auch in die Sprache von Nicht-Migranten gefunden hat. Denn man kann es gegen alle richten, die man als machtlos verhöhnen will. Polizisten etwa, die gegen die nächtlichen Boliden-Rennen junger Macho-Männer über die Innenstadtringe unserer Städte vorgehen. Eine solche Szene, unter der die Anwohner der dortigen „Wälle“ seit Jahren leiden, gibt es zum Beispiel in Dortmund, einer der Städte, die sich seit 2020 durch eine „gendergerechte Sprache“ in ihren Behörden hervortut.

Guten Tag, Dortmund!

Die Stadt Dortmund wird vermutlich durch eine faire Ansprache an einem solchen Verhalten, an dem junge männliche Einwanderer besondere Freude haben, nicht viel ändern. Sie möchte aber trotzdem dem Beispiel Hannovers folgen und konsequent gendern. „Ich glaube, jetzt ist genau die richtige Zeit dafür“, wird die Gleichstellungsbeauftragte der Stadt in den örtlichen Ruhr-Nachrichten zitiert. Allerdings wolle man schon „eine eigene Richtlinie mit individuellen Vorgaben“.

Das wird ein Spaß, wenn Menschen künftig von der einen deutschen Großstadt in die andere umziehen! Nicht genug damit, dass sie sich, wenn das einen Wechsel in ein anderes Bundesland bedeutet, jetzt schon ärgern müssen, dass ihre Kinder in der Schule vor bisher unbekannte Anforderungen gestellt werden; demnächst finden sie auch noch ein buntes Sammelsurium von Behördensprache vor: Mal werden sie als *Bürgerinnen und Bürger* doppelt gemoppelt, mal mit Sternchen, mal mit Binnen-I, mal mit Unterstrich versehen, mal mit *Guten Tag, Erika Meier,* mal mit *Liebe/r Herr/Frau Meier* angesprochen.

Das wird ein wahrer Traum für eine wirklich benachteiligte Gruppe: Menschen mit Lese-Rechtschreib-Schwäche. Sie sind wirklich Opfer. Leider gehören sie nicht zu denen, die sich angesichts der Bezeichnung als *Bürgerinnen und Bürger* mit so etwas wie Schüttelreimen trösten können. Sie heißen ja nicht Otto Waalkes:

Weil die beiden Moppel dort
gar so schrecklich zwiegesungen,
hat durch einen Doppelmord
man zum Schweigen sie gezwungen.

Den Ruf verspielt: Hannover

Eigentlich hieß es immer, in Hannover werde besonders gutes Hochdeutsch gesprochen. Nun sonnt sich die Stadt im Glanze ihrer Pionierleistung für das Behörden-Gendern. Da müssen sie sich nun anstrengen in der Stadt an der Leine, dass sie nicht nur in ihren Formularen die Sternchen setzen, sondern auch den Glottisschlag immer phonetisch sauber praktizieren. Sonst ist der Ruf schnell dahin. Und das ist gefährlich. Wie sagte mein PR-Lehrer immer: Images sind wie Ozeandampfer – man braucht lange, um sie umzudrehen.

Was Hannover angeht, würde sich ein Dortmunder aber nicht wundern. Angesichts des Reiterstandbildes auf dem dortigen Bahnhofsvorplatz (wenn es noch da steht, denn man weiß ja nie, was Standbildern in diesen Zeiten alles widerfahren kann), hat er immer schon gedacht, dass die da oben kein Deutsch können. Da steht nämlich auf dem Sockel: „Dem König sein Volk". Und wie soll denn der gemeine Ruhri, der mit *dem Walter seine Frau* aufgewachsen ist, wissen, dass die in Hannover meinen: *Dem König* (Pause) *Von seinem Volk*. Der denkt dann: Die haben in Hannover nicht nur Bahlsen; die haben auch einen an der Waffel.

Ein Satz mit „der, die, das"

Wenn Sie jetzt vermuten, dass aus diesen Zeilen die Liebe zum Ruhrgebiet und seiner speziellen Sprachkompetenz lugt, liegen Sie richtig. Denn wo sonst kann man so schöne Sprachspiele veranstalten wie „Sag mal einen Satz mit *der die das*", das nun wirklich in einem Buch zum Thema Gendern nicht fehlen darf.

Nun, im Ruhr-Idiom ist das keine schwierige Aufgabe: „Schonn gehört: Die Lena is schwanger, und der die das gemacht hat …" Es sei aber eingestanden, dass mein Lektor, der in Frankfurt am Main aufgewachsen ist, meinte, das könne man mit dem hessischen Idiom noch toppen. Da frage ein Musiker den anderen: „Is' des des Des, des mir spiele solle?"

Auch nicht schlecht. Aber wo können die Menschen so herzlich über sich und ihre Sprache lachen wie in dem legendären Witz vom Ruhri in seinem Opel, der einen anderen Autofahrer fragt: „Wo gehtet hier nach Aldi?" Der andere, ein Türke, korrigiert den Ruhri: „**Zu** Aldi!" Darauf der Ruhri: „Wie, schonn halb sieben?" Aldi hat heute länger auf; aber der Witz hat nichts von seinem Charme verloren.

Dat Frollein Schmitz

Da kommt eigentlich nur Köln mit, eine Stadt, in deren Büttenreden vielleicht sogar das *Frollein* überleben darf, weil uns sonst eine der schönsten Geschichten von Tünnes und Schäl für immer verloren ginge. Darin stehen die beiden vor einem Haus und sehen oben eine Frau im Fenster hängen. Fragt der eine: „Wat sät die Aal da?“ (Was sagt die Alte da oben?) Darauf der andere: „Dat es keen Aal, dat es ming Mudda, en für disch immer noch dat Frollein Schmitz.“

Ja, man muss es zugeben: Die Moralkeule, die da allenthalben unterwegs ist, fördert die Freude an der Unkorrektheit. Es ist die pure Lust am Inkriminierten.

Widerspruch in sich
Feministische Wissenschaft

Was die Mehrheit in Deutschland vom Gendern hält, hat eine Allensbach-Umfrage gezeigt: nicht viel. Aber - und sei es nur als Ergebnis eines Gewöhnungseffekts durch den vielfachen Gebrauch in den Medien - es gibt auch Menschen, die aus dem generischen Maskulinum tatsächlich nicht mehr alle Menschen heraushören, sondern in erster Linie Männer.

Nicht ungeschickt

Die von uns allen mitfinanzierten Genderlehrstühle haben – das muss man ihnen lassen – die verbreitete Ehrfurcht vor dem Etikett „Wissenschaft" geschickt genutzt, um die Weltsicht einer Minderheit ziemlich weit zu verbreiten. Denn man muss sich natürlich fragen, wie eine „Feministische Linguistik", also eine Sprachwissenschaft, die nicht offen ist für Ergebnisse, sondern mit einem weltanschaulichen Ziel unterwegs ist, neben der Lehre, die eifrig verfolgt wird, überhaupt das Etikett „Forschung" für sich in Anspruch nehmen darf.

Tomas Kubelik schreibt zu Recht: „Wo die Sprachwissenschaft … versucht, Antworten auf die Fragen zu geben ‚Was ist wünschenswert?', ‚Was ist gerecht?' oder gar ‚Wie sollen wir sprechen?', wird sie zur Ideologie." Die vielfach medial unterstützten Folgen des Versuchs einer derart motivierten Einflussnahme sind jedenfalls unübersehbar. Nicht etwa nur junge Frauen und Männer, sondern auch alte Menschen, hier aber vor allem Frauen, haben sich die Sichtweise der Aktivisten zu eigen gemacht.

Das weibliche Hoch

Erinnert sei an den Fall der Sparkassenkundin im Saarland, die ihre Bank verklagte, weil sie sich durch die Bezeichnung *Kunden* nicht mitgemeint fühlte und bis vor die höchsten Instanzen zog. Vom Bundesgerichtshof hatte sich die damals 80-jährige Klägerin 2018 noch darauf hinweisen lassen müssen, dass das generische Maskulinum keine Geringschätzung gegenüber Menschen anderen Geschlechts zum Ausdruck bringe, weshalb die Form auch in vielen Gesetzen und selbst im Grundgesetz verwendet werde.

So richtig das ist, wäre die Bank klug beraten gewesen, diese und andere Kundinnen wenigstens in direkter Anrede als *Kundin* zu bezeichnen. *Sehr geehrte Kundin* – das ist eine Frage der Höflichkeit, nicht der Grammatik. Das ist wie mit den *Damen und Herren*, auch wenn denen wegen mangelnder Ansprache der Diversen inzwischen der Wind ins Gesicht bläst.

Doch die Klägerin, die in den 90er-Jahren schon einmal erfolgreich weibliche Namen für Wetterhochs eingeklagt hatte, nachdem zuvor die geliebten Hochs immer Alexander und Hugo hießen und die bösen Tiefs immer Maria oder Adelheid, hatte nicht aufgegeben und war bis vor das Bundesverfassungsgericht gezogen und hier wegen formaler Mängel ohne Erfolg geblieben.

Juristen als Sprachlehrer?

Ob es wünschenswert ist, dass Juristen über unsere Grammatik entscheiden, darf man bezweifeln. Schon ist auch die Klage eines Audi-Mitarbeiters, in diesem Fall gegen das Gendern in seinem Unternehmen, auf dem Weg. Und wer weiß, was noch kommt. Bei allem Respekt vor dem Bundesverfassungsgericht will mir „die Beschreitung des Rechtsweges" nicht unbedingt als der geeignete Pfad erscheinen.

Gute Absicht
Üble Folgen

Schon vor vielen Jahren hat es Bemühungen gegeben, Frauen in der Sprache unmittelbarer sichtbar zu machen, ohne dabei das generische Maskulinum komplett aus den Formulierungen zu verbannen. Sie haben nach meiner Wahrnehmung auch tatsächlich dazu beigetragen, die öffentliche Sensibilität für Fragen der Geschlechtergerechtigkeit zu fördern.

Pure Pragmatik

Wie viele andere auch habe ich in den von meiner damaligen Agentur verantworteten Schriften schon lange vor der Genderdiskussion darauf geachtet, dass die Frauen nicht übersehen wurden. Da war dann zum Beispiel im Vorwort für die Broschüre einer großen Versicherung unübersehbar zu lesen:

„Wenn in dieser Broschüre stets von *dem* Versicherungsnehmer und *dem* Bezugsberechtigten die Rede ist, kommt darin keinesfalls eine Geringschätzung unserer weiblichen Kundschaft zum Ausdruck, sondern nur unser Bemühen um eine einfache und verständliche Darstellung einer ohnehin schon komplexen Materie und nicht zuletzt um die Kürze der Darstellung: Längere Texte ergeben dickere Broschüren, und wir sind bemüht, die Kosten im Interesse aller unserer Versicherten gering zu halten."

Beweglich bleiben

Inzwischen entscheiden sich selbst Sprachgourmets dort, wo es der differenzierten Aussage nicht im Wege steht, für inklusive Sprachformen, um so auch solchen Menschen entgegenzukommen, die irrtümlich glauben, das generische Maskulinum schließe irgendjemanden aus. Ich sage dann zum Beispiel statt: „Das kann man so machen“ so etwas wie „Das lässt sich machen“. Und bevor ich von einer *Mannschaft* rede, denke ich: Sei’s drum; *Team* geht ja auch. Und das, obwohl ich genau weiß, dass es das Wort *Frauenfußballmannschaft* nicht gäbe, wenn eine Mannschaft nicht genauso gut aus Frauen bestehen könnte.

Das sind Konzessionen an den Zeitgeist, denn mit Prinzipienreiterei reitet man die beste Sache zuschanden. Es macht zwar Spaß, Bücher wie Birgit Kelles „Gendergaga“ oder „Noch normal“ zu lesen und über das auf dem Cover zitierte Cicero-Etikett „Die Wutmutter eines neuen Feminismus“ zu schmunzeln; aber ein bisschen Beweglichkeit, wo es mit kreativen Lösungen machbar ist, kann der Versachlichung der Debatte nicht schaden.

et respice finem

Damit will ich die bedenklichen Vorgänge in unserer Sprache nicht herunterspielen. Denn was da im Gange ist an vermeintlich antidiskriminierenden Eingriffen durch Gender-Speech, ist eine Bedrohung für das Funktionieren des gesamten Sprachsystems, weil eben nicht alle durch besonderes Sprachtalent und besondere sprachliche Bildung in der Lage sind, jederzeit und spontan kreative und dennoch grammatik-kompatible Lösungen für das von einer Minderheit empfundene Problem zu finden.

Im Job etwa sind die meisten darauf angewiesen, dass ihr Unternehmen ihnen vorgibt, wie sie Mitarbeiter, Kunden und Geschäftspartner anzureden haben. Wer bei den „Audianer_innen“ gelandet ist, mag da weniger glücklich sein. Es könnte sich ja jemand verhören und denken: Pfui, das klingt ja wie Indianerinnen! Wo wir uns doch schon als Kinder nicht mehr so verkleiden sollen. Und wo selbst ein Parteichef der Grünen Ärger bekommt, wenn er in einem Interview auf ein Wahlversprechen sein „Indianer-Ehrenwort“ gibt! Da kann man fast froh sein, dass die Firma „Mannesmann“ Geschichte ist. Nicht auszudenken, wie die Mitarbeiter hießen, gäbe es sie noch. „Mannesmänn*innen" vielleicht? „Mannesmenschen"? „Mannspersonen"?

Spaß beiseite, denn was da im Anzug ist, ist ernst. Es führt zu immer mehr Unsagbarkeiten, unter manchen Grünen sogar schon zur Tabuisierung des angeblich rassistisch konnotierten Wortes *Deutschland.* Im Lateinunterricht haben wir gelernt: *quidquid agis, prudenter agas et respice finem.* Zu Deutsch: „Was immer du tust, tue es klug und bedenke das Ende."

Der Bärendienst

Man hätte sich gewünscht, dieser Rat wäre vor dem ersten Binnen-I, Binnen-Unterstrich, Binnen-Doppelpunkt und Gendersternchen beachtet worden. Denn zu Ende gedacht führt die Technik ins sprachliche Chaos und erweist obendrein der guten Sache Gleichberechtigung einen Bärendienst: Wer nicht einfach Mensch sein darf, sondern auch dort Frau sein muss, wo das gar keine Rolle spielt, ist unnötigerweise markiert und allen Vorstellungen ausgeliefert, die sich mit der betont weiblichen Form verbinden, nur dass die heute nicht mehr Kinder, Küche, Kirche heißen.

Sie wollen nun wissen, woher der Begriff *Bärendienst* kommt? Vermutlich geht er zurück auf eine der Tierfabeln von Jean de La Fontaine, in dessen Gedichtsammlung von 1678 sich auch die Fabel „L'ours et l'amateur des jardins" (Der Bär und der Gartenfreund) befindet. Ein Bär und ein alter Gartenfreund, beide einsam, beschließen darin, ihr Leben zu teilen: Der Bär beschafft Wild, und der Gartenfreund pflegt den Garten. Der „Bärendienst" beginnt, als sich eine Fliege auf das Gesicht des schlafenden Greises setzt und der Bär sie verjagen will, was erwartungsgemäß weder die Fliege noch der Alte überleben.

Hoffen wir nicht, dass es der deutschen Sprache eines Tages so geht wie dem Gartenfreund, nachdem ihr ein Bär*innendienst erwiesen worden ist.

Kauffmann & Co.
Besondere Weibergeschichten

Der Ersatz des generischen Maskulinum durch eine „inklusive" Form ist nach den Regeln unserer Grammatik zwar eigentlich Unsinn. Es gibt aber auch Situationen, in denen selbst Menschen, die ein Gendern aus Prinzip ablehnen, den milderen Formen mit Verständnis begegnen.

Am 16. Juni 2021 hörte ich im Radio folgende Nachricht: „Der internationale Ernst von Siemens Musikpreis geht 2021 an den griechischen Komponisten Georges Aperghis. Die Auszeichnung für ein Leben im Dienste der Musik ist mit 250.000 Euro dotiert. Die Ernst von Siemens Musikstiftung würdigte Aperghis als eine unverwechselbare Stimme unter den herausragenden Komponistinnen und Komponisten unserer Zeit."

Geschichte fördert Verstehen

Zu den herausragenden Komponistinnen und Komponisten gehört der Ausgezeichnete also. Es ist zwar eigentlich nicht nachvollziehbar, warum in einem Kontext, in dem es nicht auf das Geschlecht, sondern auf die Leistung der Künstler ankommt, zu der bürokratischen Dopplung gegriffen wird, denn das Wort *Komponisten* schließt in seiner geschlechtsneutralen Verwendung selbstverständlich die komponierenden Frauen ein.

Doch wer sich ein wenig mit Musikgeschichte beschäftigt hat, weiß auch, dass die Frauen unter den Komponisten von der Geschichtsschreibung lange Zeit nicht angemessen gewürdigt worden sind. Bis zu einem gewissen Grad gilt das selbst für Ausnahme-Talente wie Clara Schumann, deren Genie dem ihres Ehemannes Robert oder ihres Freundes und Bewunderers Johannes Brahms in nichts nachstand und die zu ihren Lebzeiten ein gefeierter Star auf den Podien des In- und Auslandes war. Es war dann erstaunlich still um sie geworden, bevor sie es, noch zu D-Mark-Zeiten, stellvertretend für andere bedeutende Frauen, auf einen deutschen Geldschein schaffte.

Die Influencerin der Goethe-Zeit

Das beschriebene Phänomen lässt sich nicht nur in der Musik beobachten, sondern quer durch die Kunstrichtungen. Von der Malerin Angelika Kauffmann etwa, **der** „Influencerin" der Goethe-Zeit, die seinerzeit – von Goethe über Hegel bis Winckelmann – alle sehen wollten, die der Mode der Zeit folgend Rom besuchten, und deren Gemälde auf dem damaligen Kunstmarkt mindestens so heiß begehrt und teuer waren wie die ihres berühmten englischen Malerkollegen Joshua Reynolds, nahm die Moderne eigentlich erst wieder richtig Notiz durch eine Ausstellung in Düsseldorf 2020.

Mit Staunen konnte da die kunstinteressierte Öffentlichkeit erfahren, dass das Wunderkind Kauffmann, das ausgerechnet in der Männerdomäne Historienmalerei berühmt wurde, schon im Alter von 21 Jahren zum Ehrenmitglied der „Accademia Clementina di Bologna" gewählt wurde, in London die gefragte Porträtistin des Hochadels war und zu den Gründern der dortigen „Royal Academy" gehörte und, als sie 1807 mit 66 Jahren in Rom starb, das feierlichste Begräbnis seit Raffael und sogleich auch eine Büste im Pantheon bekam.

Angelika Kauffmann, geboren in Chur, ist auch insofern interessant, als sie es geschafft hat, ihr Talent zu Geld zu machen. Als sie starb, hinterließ sie nicht nur rund 800 Werke, sondern ein beträchtliches Vermögen. Eine „selfmade woman", kinderlos übrigens, die es sich leisten konnte, der Königin Maria Karoline von Österreich einen Korb zu geben, als die versuchte, sie als Hofmalerin zu gewinnen.

Weitersagen!

Wäre es nicht schön, wenn Mädchen (und Jungen) in unseren Schulen nicht mit Gendersternchen belästigt würden, sondern solche Geschichten erzählt bekämen? Um dann im Falle Kauffmann auch mit Staunen zu entdecken, **warum** diese Malerin zu ihrer Zeit so gefragt war: Statt, wie in der Historienmalerei bis dahin üblich, dauernd die Männer als kämpferische und siegreiche Helden zu inszenieren, zeigen sie in Kauffmanns Bildern Gefühl und trauern zum Beispiel um ihre Frauen. Diese großen Inszenierungen auf Leinwand sind bei aller ästhetischen Raffinesse der Darstellung der antiken Heldenthematik ein geradezu revolutionärer Teil der Aufklärung. Und die Kunden liebten diesen neuen Blick auf Weiblichkeit und Männlichkeit.

Ach, Cornelia
Die verpasste Goethin?

Künstlerinnen wie Angelika Kauffmann und Clara Schumann sind geradezu privilegierte Ausnahmeerscheinungen. Der brennende Wunsch, Frauen endlich sichtbarer zu machen, lässt sich noch besser verstehen angesichts der Schicksale von Hochbegabten, die, weil Frau, keine Chance hatten.

„Ich bin hingerissen"

Ein besonders trauriges Beispiel ist Cornelia Goethe. Wenn im Deutschunterricht von Johann Wolfgang Goethe die Rede ist, sollte vielleicht auch einmal von seiner Schwester gesprochen werden. Gar nicht auszudenken, welche dichterischen Meisterwerke uns entgangen sein könnten, weil sie als Frau keine Chance hatte zu zeigen, dass sie, wie ihr Bruder meinte, womöglich begabter war als er.

Goethe bewunderte seine Schwester: „Ich bin hingerissen von Deinem Brief, Deinen Schriften, Deiner Art zu denken," schrieb er ihr 1767 aus dem Studium in Leipzig, und: „Ich gestehe Dir's, meine ganze Kunst wäre nicht imstande, eine Szene zu schreiben, wie sie Dir die Natur eingegeben hat."

Das Schicksal von Cornelia, das einzige der fünf Kinder der „Frau Rat Goethe", das außer ihrem genialen „Hätschelhans" das Erwachsenenalter erreicht hat – eine für die Zeit übrigens keinesfalls ungewöhnliche Überlebensquote von Kindern –, ist leider typisch für viele Lebensläufe verhinderter Künstlerinnen.

Ein männlicher Spross wie Johann Wolfgang konnte es schaffen, sich aus den Erwartungen des Elternhauses zu befreien; der junge Goethe, der – wie man heute sagen würde – „keinen Bock" hatte auf die vom Vater gewünschte Juristerei, konnte sich durch den frühen Sensationserfolg seines „Werther" in die geliebte Welt der Künste retten. Die hatte ihn immer schon angezogen, und selbst der Faust-Stoff rumorte schon seit einem in Frankfurt aufgeführten Puppenspiel vom „Doktor Faust“ in ihm.

Die Vertraute seines Herzens, die nur 15 Monate jüngere Schwester Cornelia, war nicht minder fasziniert von solchen Themen – und erkennbar nicht minder begabt. Das bildungstechnische Fundament für eine Künstlerkarriere hatte auch sie: Beide Goethe-Kinder kamen, ungewöhnlich für eine Zeit, in der Mädchen eigentlich stets nur für ihre spätere Hausfrauenrolle geschult werden, in den Genuss gemeinsamen Unterrichts bei Hauslehrern. Beide lernten sie Latein und Griechisch, später auch Französisch, Englisch, Italienisch, Mathematik und Schönschreiben. Musik- und Zeichenunterricht gehörten ebenso zum Lernkanon wie Fechten, Reiten und Tanz. Nur eine Universität besuchen durfte Cornelia als Mädchen nicht.

Unendlich traurig

Was tut sie? Sie heiratet, und ausgerechnet den elf Jahre älteren Juristenschwager Johann G. Schlosser, der ihrem Bruder so oft wegen seines Fleißes und seiner Genauigkeit als Vorbild empfohlen wurde, für den der aber all das verkörperte, was er selbst niemals werden wollte: pedantisch und rechthaberisch. Cornelia ist dann in dieser Ehe verkümmert, war oft krank und starb jung. Ihr Bruder war unendlich traurig.

Wichtiges Thema
Aber leider vergeigt

Mit den mehr oder weniger traurigen Lebensgeschichten hochbegabter Künstlerinnen im Kopf hört man eine unnötig gegenderte Nachricht wie die von den „Komponistinnen und Komponisten" mit anderen Ohren. Man versteht dann den Wunsch nach Sichtbarmachung der Frauen – auch dort, wo die Grammatik sie mitnichten ausschließt.

Die Irritation aber bleibt. Interessiert man sich für das Thema der Nachricht, nach der der Siemens-Musikpreis „an eine männliche Stimme unter den herausragenden Komponistinnen und Komponisten unserer Zeit" geht, fragt man sich, ob die Auszeichnung denn auch schon einmal an eine Frau gegangen ist, und beginnt zu recherchieren. Und in der Tat: Die gern auch als „Nobelpreis der Musik" bezeichnete Auszeichnung ist 2020 der Bratschistin Tabea Zimmermann zuerkannt worden.

Die Sache mit der Bratsche

Die entsprechende Meldung über die Preisverleihung, die wegen Corona ein Jahr später nachgeholt wurde, fand ich bei NDR Kultur im Netz: „Tabea Zimmermann erhält heute den Ernst von Siemens Musikpreis 2020. Damit geht der mit 250.000 Euro dotierte Preis zum ersten Mal an eine Bratschistin."

Und da wird es nun ärgerlich. Die Meldung legt nämlich nach den Regeln unserer Grammatik den Schluss nahe, dass auch schon früher einmal Bratschisten ausgezeichnet worden seien, aber dieses Mal zum ersten Mal eine Frau. Das stimmt aber nicht; Komponisten, Pianisten, Dirigenten, Geiger usw. gab es eine ganze Reihe, doch beim Hauptpreis, von dem hier die Rede ist, noch niemals einen Bratschisten.

Das Beispiel macht einen ungewollten negativen Effekt des Genderns sehr deutlich: Weniger gut informierte Menschen werden in die Irre geführt. Was dazu gedacht ist, niemanden auszugrenzen, erreicht das glatte Gegenteil. Es grenzt aus, in diesem Fall die kulturell weniger Gebildeten.

Ein in der Musik einigermaßen bewanderter Mensch weiß natürlich, dass Bratschisten, die ja kein typisches Solo-Instrument spielen, einigermaßen unverdächtig sind, solche Preise zu gewinnen, weil sie einfach viel seltener im Rampenlicht stehen als die Pianisten- und Geigerkollegen. Als Mensch mit einem solchen Wissenshintergrund wird man deshalb die Nachricht richtig verstehen: als einen der vielen missglückten Versuche geschlechtergerechter Sprache. Alle anderen aber werden, wie es so treffend heißt, wenn auch sicher nicht mit Absicht, so doch faktisch für dumm verkauft.

Im geschilderten Fall mögen die Folgen durch die ungewollte Irreführung der Zuhörer alles andere als dramatisch sein; denn die Frage der Geschlechterverteilung bei einem Musikpreis wird für die Mehrzahl der Nachrichtenkonsumenten selbst eines Kultursenders nicht gerade ein Mega-Thema sein. Problematischer wird es schon bei der Ankündigung staatlicher Hilfen für *Künstler*innen*, wenn der flüchtige Hörer meinen könnte, die Stütze sei nur für Frauen da – ein Eindruck, der übrigens auch den Frauen nicht recht sein kann: Denn wie stehen sie denn da, wenn es sich so anhört, als seien nur Frauen auf Hilfe angewiesen, die Männer kämen auch so klar? Irreführung und ungewollte Ausgrenzung, wohin man blickt.

Das große Rätselraten
Welches Schweinderl hätten's gern?

Als die Schüler in den Schulen und die Kandidaten in den Quizsendungen des Fernsehens für „Multiple Choice" noch zu gebildet waren, gab es im Ersten Deutschen Fernsehen eine beliebte Sendung: „Was bin ich? Das heitere Beruferaten". Sie zu betrachten ist erstaunlich erhellend für unser Thema.

Ist es ein Mann?

In die Sendung, die stolze 337 Folgen erlebte, lud der Moderator Robert Lembke Gäste ein, deren Beruf ein Rateteam durch geschicktes Fragen herausfinden sollte. Die Fragen mussten so gestellt werden, dass nur ein Ja oder ein Nein als Antwort möglich war. Das Rateteam wollte natürlich Ja-Antworten, die Gäste aber nicht, denn für jedes Nein – so bescheiden ging es damals zu – klackte ein Fünfmarkstück in das Sparschwein, das sich der Gast zuvor ausgesucht hatte. Manchmal schaute der Gast hilfesuchend in Richtung Moderator. So die Hausfrau, als sie antworten sollte auf die Frage: „Könnte Ihr Beruf von einem Mann ausgeführt werden?", worauf der Moderator entschied: „Sagen wir nein." Fünf Mark in das Schwein.

Nun fehlte es dem Moderator vermutlich nicht an der Phantasie, sich auch damals schon einen Mann mit Staubsauger und Bügeleisen vorzustellen; aber der zu benennende Beruf hätte dann eben nicht mehr *Hausfrau* geheißen, weshalb ja dann später auch der *Hausmann* erfunden wurde.

Die Sehnsucht nach Klarheit

Heute wäre die Fragestellung „Könnte Ihr Beruf auch von einem Mann ausgeführt werden?" vielleicht noch denkbar, wenn es sich um eine Hebamme statt um eine Hausfrau handelte. Die umgekehrte Variante „Könnte Ihr Beruf auch von einer Frau ausgeführt werden?“ würde dagegen selbst bei einem Beruf wie Bergmann heute einen Shitstorm im Netz auslösen. Woran liegt es, dass Menschen sich trotzdem mit nostalgischen Gefühlen an solche Formate erinnern? Vielleicht auch daran, dass es klare Fragen und klare Antworten gab, während das Gender-Deutsch unserer Tage uns manchmal ein großes Rätselraten aufgibt.

Beraterin Peter Weber

Dieser Tage erzählte mir eine Freundin, sie habe bei ihrer Bank angerufen, weil sie Fragen zu einem Angebot der Immobilienabteilung hatte, und gehört: „Moment, ich verbinde Sie mit einer unserer Beraterinnen.“ – „Ja, glauben Sie denn, weil ich eine Frau bin, könnte ich nur mit einer Frau reden?“ wollte daraufhin meine Freundin wissen, „oder arbeiten in der Abteilung keine Männer mehr?“ – „Ich sagte doch, ich verbinde Sie mit einer Berater*in“, habe der Mensch am anderen Ende der Leitung insistiert und diesmal einen deutlichen Glottisschlag produziert.

„Was soll ich dir sagen“, fuhr die Freundin fort, „als ich dann endlich durchgestellt werde, meldet sich ein Peter Weber. Was denken die sich eigentlich?“– „Gar nichts“, war meine Antwort. „Die Leitung dieser Bank beugt sich nur dem Meinungsdruck einer lautstarken Minderheit. Aber wenn es dir reicht mit dem Blödsinn, kannst du ja die Bank wechseln.“

Fluchtgefahr
Der Konsument

Früher haben Dozenten, die Medienmenschen gutes Deutsch beibrachten, stets vor „dem flüchtigen Leser" gewarnt. Mit gutem Grund: Wer unpräzise, langweilig oder langatmig schreibt, verliert sein Publikum schnell. Es gibt aber auch den flüchtigen Zuschauer.

Abschalten

Vom flüchtigen Zuschauer weiß das lineare Fernsehen ein Lied zu singen. Viele sind schon abgewandert, und es steht nicht zu erwarten, dass die noch Gebliebenen, aber stets latent Flüchtigen, wenn aus ihnen einmal echte Flüchtlinge geworden sind, so ohne Weiteres zurückkehren, jedenfalls nicht unbedingt durch eine Ansprache als *Zuschauer*innen*. Das Gendern ist es bestimmt nicht, was sie im Programm vermissen. Im Gegenteil: Es ist eher geeignet, das Publikum in die Flucht zu schlagen.

Eine Allensbach-Umfrage im Auftrag der F.A.Z., veröffentlicht im Juni 2021, hat eine sehr interessante Beobachtung zutage gefördert, die Thomas Petersen vom gleichnamigen Institut für Demoskopie in einem Beitrag für die Zeitung – betitelt mit „Eine Mehrheit fühlt sich gegängelt" – folgendermaßen umschreibt: „Es spricht einiges dafür, dass sich die intellektuellen Diskussionen um solche Themen – einschließlich der Diskussionen in maßgeblichen Massenmedien – teilweise von der Lebenswirklichkeit der Bürger entkoppelt haben."

Sie haben gut reden!

Eine interessante Redewendung lautet: „Sie haben gut reden!" Will sagen: Problem erkannt; aber wie soll es denn bitte anders oder besser gehen? – Es geht. Nicht unbedingt im Sprachgebrauch des Alltags, wo die meisten ohnehin nach wie vor reden, ohne lange zu reflektieren. Aber dort, wo man die Gelegenheit hat, doch einmal kurz über einen Text nachzudenken, geht es in den allermeisten Fällen durchaus. Und ein wenig kreative Abwechslung könnte mancher Textsorte ohnehin ganz guttun.

Nehmen wir ein Beispiel aus dem Hörfunk und gehen dazu noch einmal kurz zurück zu der Meldung über den Musikpreis, die da lautete: „Der internationale Ernst von Siemens Musikpreis geht 2021 an den griechischen Komponisten Georges Aperghis. Die Auszeichnung für ein Leben im Dienste der Musik ist mit 250.000 Euro dotiert. Die Ernst von Siemens Musikstiftung würdigte Asperghis als eine unverwechselbare Stimme unter den herausragenden Komponistinnen und Komponisten unserer Zeit."

Will man unbedingt die Frauen sichtbarer machen, lässt sich das auch so formulieren: „Der internationale Ernst von Siemens Musikpreis 2021 geht an den griechischen Komponisten Georges Asperghis. Die mit 250.000 Euro dotierte Auszeichnung, die im letzten Jahr der Bratschistin Tabea Zimmermann zuerkannt wurde, würdigt damit, so die Ernst von Siemens Musikstiftung, in diesem Jahr einen herausragenden Komponisten unserer Zeit."

Da sind sie, die Frauen, ganz ohne der Sprache Gewalt anzutun, und der Text ist kein bisschen länger, obwohl er sogar noch eine interessante Zusatzinformation enthält. Er ist obendrein nicht so abgedroschen wie die Sache mit dem „Leben im Dienste" – eine Wendung, die ihren fatalen Weg schon bis in „ein Leben im Dienste der Hühnerzucht" und vielleicht auch schon „im Dienste der Genderforschung" gefunden hat. Wir Deutschen scheinen fast 250 Jahre nach der Aufklärung doch immer noch sehr servil.

Wunsch und Wille

Großer Respekt also vor dem Bemühen, die Frauen aktuell und auch historisch in den Formulierungen sichtbarer zu machen; aber doch bitte nicht mit dem Holzhammer, sondern mit ein wenig mehr Kreativität, und bitte auch nicht dort, wo es aufgrund der tatsächlichen Verhältnisse ausgemachter Blödsinn ist wie bei den „Kommandeurinnen und Kommandeuren der Hamas". Es gibt bei der Hamas keine weiblichen Kommandeure.

Das setzt in vielen Fällen natürlich etwas mehr Mühe, durchaus auch mehr Recherche, voraus. Aber ist die saubere Recherche nicht die Basis für jedes journalistische Produkt? „Wer 10 Zeilen schreiben will, muss 100 Zeilen wissen" – das hat für Medienleute immer gegolten. Es wäre schlimm, wenn das in den Zeiten eines verbreiteten medialen Dampfgeplauders in Vergessenheit geriete.

Mit besingungloser Liebe

Ich kann die Geschichte mit dem Preis für die Bratschistin unmöglich abschließen ohne die Erwähnung eines ganz wunderbaren Tippfehlers in einer Meldung über die Verleihung. Dort lese ich: „Die Bratschistin Tabea Zimmermann erhielt die Auszeichnung im Münchner Prinzregententheater im Rahmen eines digitalen Festaktes. Die Preisjury hob besonders ihr ‚tiefes musikalisches Verständnis und ihre besingungslose Liebe zur Musik' hervor."

Wohlan denn, lassen Sie uns mit besingungsloser Liebe zur deutschen Sprache fortfahren, die Tücken des Genderns zu entlarven.

Er, sie, es
Um Leib und Leben

Eine Malerin, inzwischen über 80 Jahre alt, erzählt mir, im Kunstmarkt habe sich, was die Frauen angeht, schon viel, aber nicht sehr viel geändert. In den Museen stamme nach wie vor nur ein kleiner Teil der Exponate von Frauen. Sie, die das nun schon Jahrzehnte beobachte, könne deshalb den Wunsch nach Sichtbarmachung der Frauen gut verstehen.

Wann ist ein Mann ein Mann?

Was die Malerin irritiert, ist die Haltung ihres Enkels. Der sei Regisseur und sage: Bei uns sind Frauen längst genauso präsent wie die Männer; es seien die Männer, die ihre Position neu bestimmen müssten. Ein interessanter Gedanke. Kann es sein, dass das vor allem von weiblichen Aktivisten vorangetriebene Gendern auch deshalb auf so wenig Widerstand unter jungen Männern stößt, weil sie, um dafür oder dagegen zu sein, erst einmal, nachdem der Macho tot ist, ihre eigene Position gefunden haben müssten?

Denn das müssten sie schon getan haben, um zu entscheiden, wie sie das sehen: Kommen wir aus mit unserem Baukasten aus Genus und Sexus? Wird unsere Sprache den tatsächlichen Verhältnissen gerecht? Oder brauchen wir tatsächlich, wie die feministischen Linguistinnen behaupten, noch eine Kategorie Gender, die weder das grammatische noch das biologische Geschlecht bezeichnet, sondern die Summe der gesellschaftlichen Zuschreibungen für einen Menschen, den wir mit *er* oder *sie* bezeichnen? Und was machen wir mit der Erkenntnis, dass das Deutsche für alle, die nicht zu unseren Vorstellungen von *er* oder *sie* passen, kein Bezeichnungsinventar bereithält? Ein Transmann oder eine Transfrau möchte ja bestimmt nicht *es* sein.

Rein von der Statistik her wäre Letzteres sicher ein zu vernachlässigendes Problem und nicht unbedingt ein Grund, jetzt schon einmal in vorauseilendem Gehorsam für teures Geld die Toiletten umzubauen. Aber in dieser Diskussion geht es weder um Zahlen und Fakten noch gar um die Regeln der Grammatik, sondern um Sprache und Macht, darum, wer mit welcher Agenda den Ton angibt. Das ist es, was die Sache zum heißen Thema macht.

Nicht dass nicht auch die Rechtschreibreform heiß diskutiert worden wäre; aber das hatte eine andere, weniger ideologiegeladene Qualität. Wenn da jemand meinte, der *Thron* müsste sein *h* behalten, wurde er nicht gleich als alter weißer Mann diffamiert und womöglich in die rassistische Ecke gestellt, nur weil in Deutschland und anderswo schon fragwürdige Leute auf Thronen gesessen haben.

Wer will ich sein?

Spätestens hier merken wir, dass es beim Streit um das Gendern nur oberflächlich um Gendersternchen und Binnen-Is geht. Es geht um die Frage, ob wir akzeptieren, was unsere Sprache spiegelt: dass es Männer gibt und Frauen und dass das, von Ausnahmen abgesehen, die Regel ist – der biologische Normalzustand sozusagen, wenn man sich denn traut, ein Wort wie *normal* noch in den Mund zu nehmen.

Die Hardliner unter den Kämpfern für eine „geschlechtergerechte" Sprache sehen das anders. Es reicht ihnen nicht, dass in unserem Grundgesetz steht, Männer und Frauen seien gleichberechtigt und niemand dürfe wegen seines Geschlechtes bevorzugt oder benachteiligt werden. Sie wollen, dass jeder Mensch, egal wie er oder sie zur Welt gekommen ist, selbst bestimmen darf, ob er oder sie oder x (denn *es* kann es nicht sein) Mann oder Frau ist oder irgendetwas anderes aus dem wachsenden Spektrum von *LGBTQI+*.

Da geht nicht mehr darum, mit welchen Merkmalen jemand auf die Welt gekommen ist, sondern darum, wie dieser Mensch sich selber definiert – ein eklatanter Widerspruch übrigens zum Genderbegriff, der ja doch von Geschlechtszuschreibungen durch die Gesellschaft lebt. Verkauft wird das als freiheitliches Konzept: die Fortentwicklung des mündigen Bürgers. Wobei die praktischen Probleme wie überall, wo Weltanschauungen im Spiel sind, gern ignoriert werden. Wenn ich mit einem Penis zu Welt komme und die Selbstdeklaration „Ich bin eine Frau" ausreicht, um auf der Klassenfahrt bei den Mädchen zu übernachten, wird es „lustig".

Dass es Fälle von Kindern gibt, die unsäglich leiden, weil sie sich im falschen Körper fühlen, ist unbestritten und kann Familien bis an die Grenze ihrer Belastbarkeit bringen. Da hilft dann am Ende und nach reiflicher Überlegung in manchen Fällen nur noch eine Geschlechtsumwandlung. Die Art und Weise aber, wie dieses Thema durch neue Begrifflichkeiten gefördert und medial gehypt wird, auf der Jugendwelle *funk* sogar „gefeiert" wird, ist, um es in der Sprache dieses Kanals zu sagen, krass. „Wie viel Queerness geht im Dorf?", heißt es in der beliebten Serie „Auf Klo", die ausschließlich sympathische queere und Trans-Menschen präsentiert.

So angesagt

Es sind Fragen wie diese, die den Streit über die geschlechtergerechte Sprache hochkochen lassen, als ginge es um Leib und Leben. Und darum kann es tatsächlich gehen. Ein Gesetzesantrag der Grünen lautet, Kinder sollten bereits mit 14 selbst über eine Geschlechtsumwandlung entscheiden dürfen. Nicht auszudenken, wenn das Gesetz würde. Wenn Eltern ihre Kinder eines Tages nicht mehr vor einem Schritt behüten könnten, den sie später vielleicht bitter bereuen, der aber irreversibel ist. Schon laufen in den USA Klagen von Geschädigten, die nicht das Glück hatten, verantwortungsvolle Eltern und Ärzte zu haben.

„Ich praktiziere ja schon lange", erzählt mir eine befreundete Psychotherapeutin. „Früher kamen sie in der Pubertät zu mir, weil sie magersüchtig waren oder sich geritzt haben; heute wollen sie das Geschlecht wechseln. Da finden sie tolle Storys in den Social Media; das ist total angesagt."

Endstation Babylon
Sprachverwirrung ohne Ende

Ein junger Professor von einer niederländischen Universität erzählt mir, in einer Evaluation seiner Hochschule, an der viele Menschen aus nicht-europäischen Ländern studieren, sei ein von der Uni verwendeter Begriff als unpassend bezeichnet worden: *Global South.*

Global South sei diskriminierend; es müsse jetzt *Majority World* heißen. Der junge Professor, ein Naturwissenschaftler, dessen Wertschätzung von Diversität einer der Gründe war, warum er sich für diese Universität mit ihren vielen verschiedenen Kulturen und der Unterrichtssprache Englisch entschieden hatte, fragt sich nun, wohin das noch führen soll, und erinnert sich an die Entwicklungsgeschichte eines Begriffs, die er schon eine Weile in Deutschland verfolgt hat.

Kalter Krieg um Wörter

Als Schüler, so erinnert er sich, hat er noch den Begriff *Entwicklungsländer* im aktiven Gebrauch erlebt. Das war ein hochmütiges Wort, weil man damit unterstellte, alle Welt müsse sich nach dem Vorbild westlicher Industrienationen entwickeln. Wir haben es aus gutem Grund entsorgt und fortan von der *Dritten Welt* gesprochen. Das hatte sich während des „Kalten Krieges" zwischen Ost und West als Bezeichnung für die keinem dieser Blöcke zugehörigen Staaten etabliert und wurde bei einer Konferenz im Jahre 1955 von 29 Ländern aus Asien und Afrika selbst gewählt – als Begriff für die Vereinigung von armen Ländern, die für einen wirtschaftlichen Aufschwung ohne Kolonialismus und Rassismus kämpften und dabei keinem der beiden großen Machtblöcke zugerechnet werden wollten. Erst nach dem Ende des Ost-West-Konflikts ist *Dritte Welt* dann zum Synonym für *Entwicklungsland* geworden.

Wie unschuldig das Wort war, zeigen auch die deutlich später entstandenen *Dritte-Welt-Läden*, in denen viele Ehrenamtliche, meist Frauen, fair gehandelte Handarbeiten und andere Produkte aus diesen Ländern verkauften. Der erste Laden dieser Art wurde 1969 in den Niederlanden eröffnet; in Deutschland waren es vor allem die Organisationen der evangelischen und katholischen Jugend, die das Konzept importierten. Mit Erfolg: Heute machen rund 900 Läden dieser Art hierzulande über 80 Millionen Euro Umsatz.

Die verlorene Unschuld

Am Konzept der Läden hat sich nichts geändert; nur *Dritte-Welt-Läden* heißen sie in der Regel nicht mehr. Die meisten haben sich in den 1990er-Jahren in *Eine-Welt-Läden* umbenannt, um dann einige Jahre später ganz überwiegend zu *Weltläden* zu mutieren – ein sehr unspezifischer Begriff, der aus unerfindlichen Gründen aber als fairer empfunden wurde. In einem Schuhgeschäft kauft man Schuhe, in einem Gemüseladen Gemüse; kauft man in einem Weltladen etwa Welt?

Für ein Kompositum mit Wortbestandteil *Laden* mochte der auf den Rumpf *Welt* zurückgestutzte Begriff gerade noch reichen. Als Sammelbegriff für die früher als *Dritte Welt* bezeichneten Länder war er aber denkbar ungeeignet. Deshalb wurde der *Global South* erfunden.

Dieser „Globale Süden“, der übrigens nicht ausschließlich in der südlichen Erdhalbkugel zu verorten ist, dient als Umschreibung für Länder mit niedrigem Einkommen. Doch wie es ausschaut, wäre hier das Präteritum angemessener: geredet wurde. Der junge Professor und seine Kollegen wurden jedenfalls belehrt, *Global South* sei zu ersetzen durch *Majority World*.

Der letzte Schrei

Was man sich unter einer „Mehrheitswelt" vorzustellen hat? Vermutlich wollen die Befürworter des Begriffs zum Ausdruck bringen, dass in den gemeinten Ländern mehr Menschen leben als im Rest der Welt. Das ist sicher richtig. Aber lebe ich dann in der Minderheitswelt? Und gilt dann der Grundsatz, dass Minderheiten nur dann der Rücksichtnahme bedürfen, wenn sie von der inklusiven Sprache zu Opfern deklariert worden sind?

Die Sache mit der *Majority World* ist nur ein Beispiel von vielen, die zeigen, wohin die Schönsprech-Spirale führt: Es dauert nicht lange, dann wird ein gerade erst erfundener neuer Euphemismus schon wieder als diskriminierend erklärt. Dabei werden die Bezeichnungen immer unspezifischer, immer blutleerer, immer abstrakter. Ganz am Ende reden wir im schlimmsten Fall nur noch in bürokratischen Abkürzungen wie *LBTQI+*.

Majority ja, Mainstream bitte nicht

Was ein langes Leben der *Mehrheitswelt* angeht, müssen wir uns aber wahrscheinlich keine allzu großen Sorgen machen. Die kuriose Wortbildung wird vermutlich schon bald das erleben, was dem *Globalen Süden*, der *Einen Welt*, der *Dritten Welt* und den *Entwicklungsländern* vor ihr widerfahren ist: Sie wird semantisch absinken.

Denn wer möchte in der Gedankenwelt der „Correctness", der es immer um den vermeintlichen Schutz von Minderheiten geht, schon zur Mehrheit gehören? Wo doch die Mehrheit selbst schon einen semantischen Sinkflug hinter sich hat: zum *Mainstream*. Das ist immer abschätzig.

„verhaltenskreativ"
Die kollektive Zwangsneurose

Was bei der Euphemismus-Spirale vor sich geht, hat mir ein Psychotherapeut als eine Art kollektive Zwangsneurose gedeutet. Zwangsneurotiker neigten immer dazu, ihren Zwang auszuleben.

Nie korrekt genug

Hier scheinen wir es mit einer Art Korrektsprechzwang zu tun zu haben, der kein Ende findet, weil niemals irgendetwas korrekt genug ist – so wie bei Menschen mit Handwaschzwang die Hände nie sauber genug sein können.

Erst war da der *Narr*, dann mutierte er zum *Verhaltensauffälligen* und schließlich zum *Verhaltenskreativen*. Aber würden wir, wenn jemand sich ausgesprochen närrisch benimmt, ausrufen: „Was für ein Verhaltenskreativer!" Das Ende vom Lied ist immer dasselbe: Man kann nicht mehr verständlich, eindeutig, zupackend reden.

Auffällig ist, wo die zu solcher Art Zwangsneurose neigenden Kollektive zu Hause sind: vor allem im akademischen Milieu der Metropolen und in Berufen, die durch derartig sozialisierte Menschen geprägt sind. Das platte Land ist weithin unauffällig, der durch Pragmatik geprägte Mittelstand auch. Widerstand unter den Gebildeten macht sich in erster Linie unter Schriftstellern und anderen Liebhabern der deutschen Sprache breit – neben Germanisten und jenen Linguisten, die unvoreingenommen forschen, statt eine Mission zu verfolgen.

Schon wackelt Diversity

„Queerversity ist das Einführen der Differenz des Differenten in die Diversität." Wie bitte? Sie haben richtig gelesen. Das habe ich nicht erfunden, sondern gefunden. In einem wissenschaftlichen

Beitrag mit dem Thema „Lust auf Komplexität. Gleichstellung, Antidiskriminierung und die Strategie des Queerversity“, online erschienen bei de Gruyter am 10. März 2016. Für die Autorin namens Antke Engel wird es, kaum sind selbst große Konzerne auf den Diversity-Zug aufgesprungen und nennen ihre Mitarbeiter *Audianer_innen*, Zeit für *Queerversity*. Hier eine kleine Leseprobe:

„Queerversity ist vor dem Hintergrund von Queer-Theorie und -Politik entworfen, die den Zusammenhang zwischen Identitätskonstruktionen und der Herausbildung sozialer Hierarchien hervorheben. Kritik richtet sich darauf, dass identitäre Festlegung und die binäre Unterscheidung von Selbst und Anderem oder Norm und Abweichung hierarchisierte Differenzverständnisse produzieren, da Differenz nur als Abweichung von Normalität zu fassen ist. Bezüglich dieser Logik verweist der Begriff der Heteronormativität auf das Zusammenspiel zwischen den rigide unterschiedenen, jedoch komplementär verbundenen Geschlechtern und der Naturalisierung von Heterosexualität. Dadurch, dass normative Heterosexualität und Zwei-Geschlechter-Ordnung sich gegenseitig absichern, gelten transgender und intersexuelle Positionen als logische Unmöglichkeit oder Abweichungen der Natur, nicht aber als soziale Lebensweisen. Queer-feministische Politik setzt dort an, wo sich die naturalisierte Selbstverständlichkeit gegebener Verhältnisse unreflektiert zur Norm erhebt. Im Unterschied zu Emanzipations- und Identitätspolitiken, die den Fokus auf sogenannte Minderheiten legen und Integration der bisher Ausgeschlossenen fordern, problematisiert Queer-Theorie die Prozesse, die Dominanz und Privilegien herstellen und absichern.“

Queerversity

Jetzt wird es aber ganz spannend, denn was machen wir da mit der Sichtbarmachung von Queerversity in der Sprache? Als nur von der Sichtbarmachung von Frauen die Rede war, konnten wir ja mit dem Formeninventar der deutschen Grammatik gerade noch dienen und ab sofort neben dem *Kunden* immer auch die *Kundin* nennen.

Schon bei Divers begann das Problem, das wir gerade noch in Stellenanzeigen mit dem Zusatz *(m/w/d)* wenn auch ästhetisch unbefriedigend, so doch einigermaßen lösen konnten. Es konnten sogar einige davon phantasieren, dass es doch im Deutschen ganz einfach sei: Man nehme das Maskulinum für alles, was Männer bezeichnet, das Femininum für alles, was Frauen bezeichnet, und das Neutrum für alle, die in keine dieser Kategorien passen.

Überleben im Dschungel

Die Idee hat sich zum Glück verflüchtigt. Denn wer würde schon gern *das Mensch* sein? Und auf einen Sammelbegriff für alle Menschen, egal ob m, w oder d, müsste man sich dann immer noch verständigen. Und wie erklären wir dann künftig, dass *der Tisch* männlich ist, *die Lampe* weiblich und *das Sofa* divers? Und dass *der Löwe* männlich ist, *die Giraffe* weiblich und *das Zebra* divers? Dschungel, wohin man blickt.

Und jetzt auch noch „die Differenz des Differenten in die Diversität" einführen – da kann man ja nur noch radikal alles aus der Sprache entfernen, was auch nur im Entferntesten an Sexus denken lassen könnte. Denn, so die Erwartungshaltung, wenn schon, dann auch alle Minderheiten angemessen sprachlich repräsentieren. Angesichts so vieler Kategorien, wie sie allein schon in *LBTQI+* stecken, wird es da aber ein wenig voll im Grammatikdschungel.

Anfang war Wort

Eigentlich kann man dann, bevor wir komplett den Überblick verlieren, nur noch jedes auch nur im Entferntesten an Sexus erinnernde Wort gnadenlos ausmerzen. Da wir leider nicht darauf bauen können, dass das berühmte Goethe-Wort „Ein guter Mensch in seinem dunklen Drange ist sich des rechten Weges wohl bewusst" immer stimmt, ist es vielleicht hilfreich, einmal exemplarisch durchzuspielen, wie sich eine solche „geschlechtergerechte" Radikalkur wohl anfühlte.

„Anfang war Wort, Wort war bei Gott, und Wort war Gott. Anfang war bei Gott. All ist durch Wort geworden und ohne Wort wurde nichts, was geworden ist. In Wort war Leben und Leben war Licht Menschen. Und Licht leuchtet in Finsternis und Finsternis hat nicht erfasst."

„Es war einmal klein Kind, waren Eltern gestorben, und war so arm, dass kein Kämmerchen mehr hatte darin zu wohnen und kein Bettchen mehr darin zu schlafen und endlich gar nichts mehr als Kleider auf Leib und Stückchen Brot in Hand, mitleidig Herz geschenkt hatte. War aber gut und fromm. Und weil so von Welt verlassen war, ging vertrauend auf lieb Gott hinaus in Feld."

Die Auflösung

Sprache hält viel aus. Denn natürlich haben Sie die Texte trotz der Amputationen vermutlich erkannt: Das eine ist der Anfang des Johannes-Evangeliums, das andere der Anfang des Märchens „Die Sterntaler" der Brüder Grimm. Aber irgendwie queer, oder?

Menschenskind
Googles Größenwahn

Wer hätte nicht schon unter den Autokorrekturen seines PC oder Smartphone gelitten! Es kann peinlich sein, wenn man eine Mail an Herrn Prof. Streffer schickt und erst nach dem Senden feststellt, dass das System daraus einen Herrn Prof. Streber gemacht hat.

Selbst mit dem lieben Gott kennt die Künstliche Intelligenz keine Gnade. Da schickt ein Freund ein spektakuläres Makrofoto in die Chatrunde, auf dem ein Wassertropfen so aussieht, als flöge jemandem das Toupet vom Kopf, und da ich mich an einen Kölner erinnere, der mal von einer solchen Situation erzählt hat, kommentiere ich: *Minge Hut es fott*, und möchte mich in ein Mauseloch verkriechen, als ich lese, was ich angeblich geschrieben habe: *Minge Hut es Gott*. Es ist schon teuflisch, wie eng selbst *Gott* und *Fott* in dieser Welt beieinander liegen.

Die Anmaßung

Die Autokorrekturen kann man abstellen – was ich nach dem teuflischen Erlebnis auch getan habe. Aber die Hölle rückt näher, wenn auch zunächst nur für englischsprachige Nutzer. Google will, wie man hört, nach der Autokorrektur, die helfen soll, Fehler in Orthografie und Grammatik zu vermeiden, eingegebene Texte nun auch auf politische Korrektheit überprüfen. Dabei soll selbstredend auch die Geschlechtergerechtigkeit berücksichtigt werden, indem Wörter wie *mankind* (die Menschheit), das zwar auch im Englischen alle Menschen meint, aber bei manchen die Assoziation „männlich“ auslösen könnte, korrigiert werden, in diesem Fall zu *humankind*. Von automatischer Korrektur ist zum Glück noch nicht die Rede, und ich könnte mir auch vorstellen, dass

Google mit einer solchen Bevormundung der Schreibenden nicht durchkäme.

Ein bloßes Angebot an Menschen, die glauben, mit solchen Maßnahmen die Welt verbessern zu können, ist ja auch in einem Fall wie dem geschilderten sprachlich weniger zu beanstanden als die Anmaßung eines Konzerns, der seine marktbeherrschende Stellung als Auftrag versteht zu bestimmen, was politisch korrekt ist. Politisch korrekt wäre es, wenn dieser Konzern und andere mehr Steuern in Europa zahlten als die nach jahrelangem erlaubten Schmarotzertum nun endlich in Aussicht genommenen 15 Prozent, die immer noch fast so vorteilhaft sind wie die Bedingungen in den Steuerparadiesen.

Mach's gut, mankind!

Mankind zu *humankind* zu ändern – auf den Vorschlag mag eingehen, wer will. Der Ersatz ist eine Silbe länger und so *clumsy* wie viele Zusammensetzungen aus zwei Sprachwelten, hier: *human* (von Latein *humanus*, menschlich), da: *kind*, das schon im Englisch des Mittelalters eine Gruppe von Menschen mit verwandten Eigenschaften bezeichnete. Wer sich wirklich trennen will von einem so vitalen Wort, das bereits im frühen 13. Jahrhundert als *mankende* in Gebrauch war, möge sich so unkultiviert verhalten.

Alle anderen mögen sich ihres europäischen Kulturerbes bewusst werden und zu der Erkenntnis gelangen, dass es wohl doch Zeit wird für Europa, sich digital zu emanzipieren von den GAFAs, für die Google nicht ohne Grund den Anfangsbuchstaben liefert. Das gilt für Kommunikationsplattformen, die europäische Qualitätsstandards wie den Schutz der Privatsphäre respektieren – und ganz nebenbei auch für eine gesellschaftlich verantwortete digitale europäische Währung, die den Geldmarkt nicht Bitcoin und Co. überlässt.

Nachrichtenagenturen
Vorerst sensibler ohne Stern

Gemessen an dem, was Google tut, gehen die deutschen Nachrichtenagenturen in der Frage geschlechtergerechter Sprache geradezu dezent vor. Aber auch sie wollen, wie es in einer dpa-Mitteilung vom Sommer 2021 heißt, „diskriminierungssensibler" schreiben und sprechen.

Gemeinsames Vorgehen

Was heißt das konkret? Zunächst heißt es, dass die deutschsprachigen Nachrichtenagenturen – dpa, Reuters und eine ganze Reihe weiterer, deren Namen einem breiteren Publikum weniger geläufig sind – vereinbart haben, „das generische Maskulinum, das in kompakter Nachrichtensprache noch vielfach verwendet wird," solle „schrittweise zurückgedrängt" werden. Ob sie „in einigen Jahren ganz darauf verzichten können", hänge von der weiteren Entwicklung der Sprache ab.

Erinnern Sie sich an unsere Beobachtungen zum Komparativ? Auch hier wird eine Steigerungsform benutzt, um mitzuteilen, dass man es weniger radikal angehen lassen möchte, also nur „diskriminierungssensibler", nicht diskriminierungssensibel.

Abwarten

Noch sei auch „unklar, ob und welches der Sonderzeichen (Genderstern, Unterstrich, Doppelpunkt etc.), die auch nicht-binäre Geschlechtsidentitäten abbilden sollen, sich im allgemeinen Sprachgebrauch durchsetzen wird". Und dann kommt der schöne Satz, der alle Sprachliebhaber unter den Medienkonsumenten hoffen lässt: „Bis auf weiteres verzichten die Nachrichtenagenturen daher auf die Verwendung dieser Zeichen," Es folgt die einfach nur korrekte, aber in diesen Zeiten richtig wohltuende Begründung: „Bislang entsprechen sie auch weder dem amtlichen Regelwerk der deutschen Rechtschreibung noch dem allgemeinen Sprachverständnis beziehungsweise der allgemeinen Sprachpraxis."

Die Pille davor

Es geht jedoch weiter: „Aber viele andere Möglichkeiten zur Vermeidung diskriminierender Sprache und zur Sichtbarmachung von Diversität sind konsequent zu nutzen", heißt es in der dpa-Mitteilung.

Einverstanden, die nutzt jeder höfliche Mensch, wo es dadurch nicht albern oder missverständlich wird. Doch leider sind unter den Beispielen für eine derartige Vermeidungsstrategie solche, die doch eher die Sehnsucht nach guter, echter Sprache aufkommen lassen. Ich will sie gern alle erwähnen, bin mir aber sicher, dass aufmerksame Leser dieses Buches bei nicht wenigen von ihnen reagieren werden wie der Ehemann der deutschen Touristin im Wiener Kaffeehaus nach dem „schöne Augerl"-Kompliment des Obers: „Ulrike, meint der das ernst?"

Doppelmoppel et al.

Da sind zunächst die Doppelformen mit all ihren besprochenen Tücken, die Texte immer so unnötig längen. Kein Wunder, dass sie in Politikerreden auch gern dazu führen, dass man die *Bürgerinnen und Bürgerinnen* im Eifer des Gefechts gelegentlich auch derart doppelt gemoppelt hören muss.

Gegen die geschlechtsneutralen Pluralformen ist in vielen Fällen nichts zu sagen. Besser *Fachleute* als *Expertinnen und Experten*. Die substantivierten Partizipien sind dagegen wie bereits beschrieben fast immer ein Armutszeugnis. *Teilnehmende* sind eben keine *Teilnehmer*; Letztere können auf der Teilnehmerliste stehen, auch wenn sie gar nicht gekommen sind.

Wie sehr gerade die substantivierten Partizipien nerven, ist mir in einem Gespräch mit einem befreundeten Unternehmer deutlich geworden. Seine Mitarbeitervertretung nenne sich jetzt *Mitarbeitendenvertretung,* erzählte er mir. Er fasse es nicht, aber er habe ja Humor. Wenn sie ihm demnächst wieder mit dem Anliegen eines Mitarbeiters kämen, der gerade im Urlaub ist, könne er ja sagen: „Das ist ein Mitarbeiter, kein Mitarbeitender. Ich verstehe gar nicht, wieso die Mitarbeitendenvertretung sich da zuständig fühlt; der ist doch gar nicht da." Aber er könne ja mal einen Nachhilfekurs in Grammatik einrichten.

Folgeschäden

Die Rochade zu den substantivierten Partizipien führt dann zwangsläufig zu einem weiteren unnötigen Schachzug. Stichwort: „Sache statt Person".

Nicht mehr *Teilnehmerliste* soll es heißen und *Rednerpult,* sondern *Teilnahmeliste* und *Redepult.* Letzteres macht dann aus dem „Pult für Redner (und selbstverständlich auch für Rednerinnen) ein „Pult fürs Reden" oder – sollte es sich um eine Konstruktion handeln wie bei der *Warnglocke* (die bekanntlich warnt), oder bei der *Waschmaschine* (die wäscht) – ein Pult, das redet. Alice in Wonderland!

Neutrale Funktionsbezeichnungen wie *Vorsitz, Leitung, Personal, Personalvertretung, Direktion, Team* und *Belegschaft* setzen gescheite Menschen ohnehin ein, wo sie nicht Anlass haben, die gemeinten Menschen näher zu bezeichnen.

„Wer" überlebt

Beim Stichwort „syntaktische Lösungen" kann man vor den Nachrichtenagenturen nur den Hut ziehen: Wenn sie empfehlen zu sagen „Wer raucht, hat eine kürzere Lebenserwartung" statt „Raucher haben eine kürzere Lebenserwartung", sind sie den feministischen Hardlinern, die auch das Pronomen *wer* beseitigen wollen, nicht auf den Leim gegangen.

Eine Vermeidungstechnik, die aus Gründen der Geschlechtergerechtigkeit Nebensätze bilden muss, wo vorher keine nötig waren, ist dagegen mit Vorsicht zu genießen. Natürlich kann man „alle Nutzer dieses Programms" ersetzen durch „alle, die dieses Programm nutzen". Aber je nachdem, wie verschachtelt mein Satz ohnehin schon ist, mag ich ihn nicht unbedingt mit einem weiteren Relativsatz verkomplizieren.

Die Empfehlung „Plural statt Singular" funktioniert leider auch nur eingeschränkt. „Alle, die mit uns auf Kaperfahrt fahren, müssen Männer mit Bärten sein" ist doch etwas anderes als „Jeder, der mit uns auf Kaperfahrt fährt, muss ein Mann mit Bart sein."

zu unterlassen

Bei der Umschreibung mit Infinitiv wiehert der Bürokratenhengst: „Der Antrag ist vollständig auszufüllen" ist fraglos geschlechtsneutral, aber eben auch unpersönlich und kalt.

Beim Partizip Perfekt (*herausgegeben/betreut von*) statt *Herausgeber/Betreuer* macht man sicher nichts falsch, auch wenn es womöglich einigen Charme hätte, einmal *Herausgeberin* zu lesen, wo es sich tatsächlich um eine Frau handelt.

Den *Rat des Arztes* würde ich auch nicht unbedingt durch den *ärztlichen Rat* ersetzen. „Adjektiv statt Substantiv" – auch diese Empfehlung ist mit äußerster Vorsicht zu genießen. Ich könnte das jetzt einen *mütterlichen Rat* nennen, der aber deshalb sicher nicht der *Rat der Mutter* ist.

Zum Abschied
Noch einmal Heine

Ich habe dieses Buch mit einem Heine-Vers aus „Deutschland. Ein Wintermärchen“ begonnen, das Heinrich Heines innige Beziehung zur deutschen Sprache zeigt. Wie sehr er seine Muttersprache geliebt hat, wird auch überdeutlich in dem berühmten, 1834 in seinem Pariser Exil geschriebenen Gedicht:

Ich hatte einst ein schönes Vaterland.
Der Eichenbaum
Wuchs dort so hoch, die Veilchen nickten sanft.
Es war ein Traum.

Das küßte mich auf deutsch und sprach auf deutsch
(Man glaubt es kaum
Wie gut es klang) das Wort: „Ich liebe dich!“
Es war ein Traum.

Zur Erinnerung: Das ist derselbe Heine, der an anderer Stelle sein „schönes Vaterland“, das Land, in dem seine Schriften verboten sind, als „das Land der Eichen und des Stumpfsinns“ bezeichnet. Derselbe Heine, der in Paris verheiratet ist mit einer Französin, die außer „Nehmen Sie Platz“ kein Wort Deutsch spricht, der aber selbst perfekt Französisch spricht und trotzdem seine Gedichte ausnahmslos auf Deutsch schreibt. Von dieser Sprache, in der so Wunderbares geschrieben worden ist, ist in diesem Buch die Rede. Sie hat mehr Respekt und mehr Hinwendung verdient, als ihr in diesen Tagen zuteilwird.

Die Autorin

©Matthias Duschner

Dagmar Gaßdorf hat in Bochum und Edinburgh Sprach- und Literaturwissenschaften studiert und über ein linguistisches Thema promoviert. Als Lektorin an der Ruhr-Universität gestartet, hatte sie nach einem Wechsel in die Wirtschaft leitende Funktionen in großen Unternehmen inne. Als Chefin einer PR-Agentur und Verlegerin einer Zeitschrift war sie später auch unternehmerisch tätig und Vizepräsidentin der IHK Essen.

Nach Sachbüchern wie „Das Zeug zum Schreiben“, „Zickenlatein“ und „Das Märchenbuch für Managerinnen“ ist 2020 mit „Die Taube auf dem Dach“ ihr erster Roman erschienen. Zusammen mit Bertold Heizmann hat sie Bücher über Goethe, Schiller und Heine geschrieben.

Dagmar Gaßdorf gehört dem Präsidium des WDR-Rundfunkrats und dem Aufsichtsrat der WDR mediagroup an und lebt und arbeitet in einer historischen Mühle am Niederrhein.